KB190596

고난이 나를 안아주다

비홀드

내가 사망의 음침한 골짜기를 다닐지라도

해를 두려워하지 않을 것은 주께서 나와 함께 하심이라

고난이 나를 안아주다

이샘물 지음

한 선교사의 삶의 여정 속에서 멈추지 않고 이어지는 고통과 아픔. 저자는 이를 피하거나 외면하지 않고 오히려 고난을 안고 살아가고 있습니다. 이 모습은 낮은 곳에서 은혜의 복음에 빚진 자로 예수의 마음을 품고 살아가는 모든 선교사의 모습입니다.

이샘물 선교사, 그녀의 첫째 딸 한별이는 10년 전 여섯 살의 나이로 선교지인 U국에서 먼저 하나님 품에 안겼습니다. 이로써 아비와 어미는 사랑하는 딸을 가슴에 묻었습니다. 그리고 둘째 예준이도 세상의 의술로는 치유할 수 없는 희귀난치성 질병으로 어제도, 오늘도 하루에 몇 차례씩 혼수상태에 빠져 응급실로 실려 가는 일상을 이어가고 있습니다. "후-"하고 불면 꺼질 것 같은 등경 위 등불 같은 병약한 아들을 지켜보는 부모는 대신 아팠으면 하는 마음뿐일 것입니다. 하지만 결코 꺼지지 않는 불꽃으로 이 땅에서 함께 할 수 있도록 허락받은 유일한 자녀입니다. 이를 통해 생명은 우리 것이 아니라 하나님의 손에 있음을 깨닫고 그녀는 주님께 더 깊이 의탁하게 됩니다. 이런 아픔을 누가 위로할 수 있을까요? 죄인을 구원하기 위해 그의 아들, 독생자 예수 그리스도를 십자가에 못 박히도록 내어주신 하나님만이 위로자 되셨노라고 그녀는 고백합니다.

더불어 "고난 당한 것이 내게 유익이라 이로 말미암아 내가 주의 율례들을 배우게 되었나이다"는 시편 기자의 고백이 이 책 속에 잘 담겨져 있음을 봅니다. 자녀를 통해 받는 형언할 수 없는 심중의 고통과 고난이 그녀의 여린 어깨를 끝없이 짓누르고 있건만 이를 개의치 않고 고난의 품에 안겨 예수께로 인도함 받으면서 예수 닮는 지름길을 걷고 있습니다. 이는 얕은 신앙에서 발버둥치는 그리스도인들에게 도전과 잔잔한 울림을 줍니다.

그리고 고난은 자신이 지녔던 세상적 가치를 무너뜨리고 성경적 가치를 선택하게 함을 강조합니다. 여전히 자신의 삶은 감내할 수 없는 칠흑 같은 어둠이며 끝이 보이지 않는 터널 같지만, 좌절도, 실망도 하지 않고 믿음으로 일어서서 날마다 빛 되신 주님을 바라보며 한 걸음 한 걸음 믿음의 행보를 이어가고 있음을 봅니다. 한 번쯤 고난의 터널 속에서 방황할 수 있건만, 저자는 욥과 같이 입술로 범죄하지 않고 "나의 가는 길을 오직 그가 아시나니 그가 나를 단련하신 후에는 내가 정금 같이 나오리라"고 외치고 있습니다. 저는 이 외침에 소망의 길, 치유의 길이 있음을 확신합니다.

마지막으로 어려운 이 시대를 살아가고 있는 수많은 현대인들을 위해 교회는 성공과 번영의 길만을 따르는 세상과는 달리 고난 가운데서 울고 있는 이웃과 함께 울고, 함께 웃을 수 있는 사랑의 공동체가 되어야 함을 삶으로 표현합니다. 고난은 우리로 머리로 살지 않고 가슴으로 살도록 인도하고 있음을 일깨워 줍니다.

김창옥 사무총장 · NGO 더멋진세상

하나님의 부름을 받고 하늘나라에 간 한별이의 위로예배 기억이 엊그제 같은데, 그 이후 10년이라는 시간이 흘렀다는 것을 알게 되었습니다. 우리에게는 짧게 느껴지며 '벌써'라는 말을 무심결에 할지 모르겠지만 '엄마 아빠에게는 얼마나 긴 시간이었을까?'라는 생각이 들었습니다. 「고난이 나를 안아 주다」를 읽어 가면서 가슴이 뭉클뭉클했습니다. '얼마나 보고 싶었을까?'라는 생각도 들었습니다. 하지만 한 줄 한 줄 읽어 가며 견디기 힘든 고난을 지나온 선교사님의 글 속에서 끈질기게 붙잡아 주신 예수님의 사랑을 느낄 수가 있었습니다.

글은 감동 있는데 실제 삶은 그렇지 않은 경우가 종종 있지만, 삶이 감동을 주면서 그의 글이 마음에 와닿지 않는 경우는 없나 봅니다. 삶에서 우러나왔기 때문일 것입니다. 화려하게 포장하지 않고 수수하게 써 내려간 선교사님의 글이 아주 가까이서 들려주는 고백처럼 마음을 움직이는 까닭이 바로 여기에 있다고 생각합니다.

처음부터 끝까지 읽어 가면서 제 마음을 내내 붙잡았던 말은 바로 이 문장이었습니다. "그리스도인에게 진정한 형통이란 주님이 함께 하시는 삶이지 고난 없는 삶이 아님을 고백하게 되었습니다." 계속해서 마음에 울림을 주었습니다. 삶 속에서 실제로 고난을 겪고 그 고난 가운데 주님과의 동행을 경험한 사람만이 할 수 있는 말이었습니다. 이 책이 고난 가운데 있는 사랑하는 사람들에게 주님의 위로를 전해 주고 새로운 소망을 줄 수 있으리라 믿습니다. 많은 사람들이 읽고 주님의 함께 하심을 경험하고 살아났으면 좋겠습니다. 진심으로 추천합니다.

라준석 목사 • 사람살리는교회 담임, 「더 바이블」 저자

선교지에서 한 알의 밀알이 된 한별이를 하나님의 품으로 먼저 보낸 선교사님의 가슴 아픈 간증들은 이 책을 읽는 독자들의 마음에 큰 울림을 줍니다. 선교사님은 고난이 단지 고통으로 끝나지 않기 위하여 하나님의 세미한 말씀으로 인도함을 받으며 고통을 담담하게 받아들이는 회복의 과정을 통과하고 있습니다.

이 책은 하나님의 사람들이 어떻게 고난을 이겨내야 하는지, 그리고 고통 가운데 있는 사람들을 어떻게 위로해야 하는지를 잘 보여 줍니다. 이유를 알 수 없는 고난과 마주하고 있는

분들과 고통 속에서 하나님의 인도하심을 원하는 분들에게,
그리고 이제는 회복의 여정을 시작하고 싶은 분들에게 이 책
을 추천합니다.

이기원 목사 • 온누리교회 회복사역본부장

온누리교회 서빙고의 별관 1층에는 액츠29홀이 있습
니다. 성경공부도 하고 회의도 하는 홀 뒤편에는 선교지에서
생을 마감하신 온누리 선교사님들의 사진이 전시되어 있습니
다. 그 사이에 가장 어리고 가장 예쁜 소녀의 사진이 있습니
다. 홀에 들어오신 분들은 선교사님들의 사진을 보다가 그 소
녀의 사진 앞에서 멈추어 서곤 합니다. 그 소녀의 이름은 한별
입니다. 셔우드 홀 외에 수많은 선교사님들을 모신 양화진에
도, 서서평 선교사가 잠들어 있는 광주의 양림동 선교사 묘지
에도 한별이와 비슷하거나 혹은 그 아래 또래의 자녀들이 함
께 잠들어 있습니다. 그들의 묘비를 볼 때마다 숙연해지는 마
음을 감출 길 없는데 한별이의 사진 앞에서는 그 이상으로 숙
연해지곤 합니다. 한별이는 150여 년 전 척박한 이 땅에 부모
와 함께 와 1년 만에 혹은 5년 만에 생을 마감한 어린 선교사
의 발걸음을 이어주고 있기 때문입니다. 알래스카에서 목회할

때 새벽기도마다 예준이를 위해 함께 기도했고 지금까지 기도하고 있습니다. 예준이는 지금 누워 있지만, 저로 하여금 기도하게 함으로써 누나 한별이가 걸어간 선교사의 자녀이자 선교사의 삶을 살아가고 있습니다.

저도 딸이 있습니다. 제가 디스크 수술을 한 이후 최근 딸도 디스크 판정을 받았습니다. 견딜 수 없이 무너지는 감정에 허덕였습니다. 그때 예준이를 위한 선교사님의 기도제목을 통해 저는 마음을 추스를 수 있었습니다. 결코 평범하지 않은 지난 삶과 한별이와 예준이의 이야기를 나누어 주신 선교사님께 감사드리며 이 책을 통해 고난으로 당신의 자녀를 안으시는 하나님 아버지의 품에 안기시기 바랍니다.

이민욱 목사 • 온누리교회 부목사, 샌디에고 온누리교회 담당

저는 이생명, 이샘물 선교사님 부부를 학생 때부터 보아왔습니다. 같은 또래임에도 흉내 낼 수 없을 만큼 주님 앞에 순전하고 순결한 그 믿음이 아름다웠고, 서로의 사랑이 부러웠으며, 부족한 중에도 늘 감사하며 인자와 온유가 넘치는 모습을 통해 많은 도전을 받았습니다. 대학을 졸업하고 죠이선교회 간사로 동료의 길을 걸으며 수련회 때 듣는 이샘물 선교

사님의 찬양은 참 복되고 귀했습니다. 한별이가 떠나고 장례 예배를 드릴 때 하염없이 함께 울었고, 감당 못할 슬픔 가운데서도 선교사님 두 분이 서로를 신뢰하고 굳건하게 지탱하는 모습이 제게 귀한 본이 되었습니다.

하지만 무엇보다 저 역시 가정을 꾸리고 첫아이가 난치성 희귀병인 중증근무력증 진단을 받게 되었을 때, 이전과는 비교할 수 없을 만큼 이샘물 선교사님의 가정을 통하여 많은 위로를 얻었습니다. 아픈 자식을 돌보는 어미의 마음은 긴 말을 하지 않아도 서로 통하는 것이 많았습니다. 그래서 서로를 위한 기도는 더욱 간절해지고 깊어졌습니다. 저는 결심했습니다. 기도의 큰 빚을 진 이샘물 선교사님 가정, 그리고 이 모든 과정을 통해 알게 되고, 만나게 되고, 듣게 되는 다른 아픈 아이들을 위한 기도를 쉬는 죄를 범하지 않겠다고 말입니다.

전염병이 창궐하고 모두가 고통스러운 이 시기에 고난의 터널을 통과하며 그저 하나님 앞에 가슴을 치며 우는 것밖에 할 수 없는 이들을 위하여 단지 골방에 앉아 조용히 글을 읽는 것만으로도 큰 위로가 되는 책이 나와 주어 참 고맙습니다.

정희원 간사 · 죠이선교회

저는 오랜 시간 동안 선교사님의 가정을 알았고 지금

껏 동역하고 있습니다. 그들의 연애와 결혼, 파송과 출산, 그리고 떠나보냄을 지켜보았고 현재까지 기도로 함께 하고 있습니다. 이샘물 선교사님 내외분은 누구보다도 하나님을 의지하는 분들입니다. 작은 것 하나에도 하나님께 다가가며 하나님밖에 없으신 분들입니다. 기도와 예배만이 그들의 유일한 행복이며 하나님의 임재만이 즐거움입니다.

이 책은 자신의 고난을 소개하는 글이 아닙니다. 고난을 헤쳐 나가며 결국 자신의 뜻을 이루시는 하나님을 드러내기 위한 글입니다. 보통 사람으로는 상상할 수 없는 고통을 겪은 삶이기에 책을 펼치는 사람에게 가벼운 위로가 아닌 묵직한 무게감의 위로를 전해 줍니다. 더 나아가 우리가 무엇을 바라봐야 하며 어디로 향해야 하는지를 알려 줍니다. 십자가 없는 즐거움을 원하는 현대의 교회에, 이 땅에서 잘 먹고 잘 사는 것이 목표인 기독교인들에게 예수님을 믿고 따르는 것이 어떤 것인지를 보여 줍니다. 더불어 선교현장과 사역지에서 기가 막힌 고난과 이해할 수 없는 고통을 당하시는 분들에게 많은 위로를 줄 것이라 믿습니다.

추천의 글을 쓰기 직전, 저 또한 뜻하지 않은 고난의 광풍 속에서 힘겹게 노를 저어 가고 있었는데, 이 책이 정말 많은 위로와 중심을 잡아 주었습니다.

정석찬 목사 • 「한국교회를 깨우는 워십리더」, 「예배팀을 변화시키는 워십스쿨」 저자 선물같이 왔다 간 한별이. 저는 딸이 주님 품에 안긴 10주기를 기리며 아이의 짧은 삶을 통해, 그리고 긴 고난의 시간을 통해 제 안에 심겨 주신 메시지를 담아내고자 집필을 시작했습니다.

"한별이처럼만 살면 돼!"

한별이가 주님 품에 안겼다는 소식을 들은 동료 선교사님의 이 짧은 한마디가 지금까지 제 가슴 깊이 새겨져 있습니다. 딸의 짧은 인생은 제게 진정한 믿음이 무엇인지, 성육신의 삶이 무엇인지 가르쳐 주었습니다. 한별이가 태어나기 전까지 저를 이끈 것은 '제 믿음의 열심'이었습니다. 그런 제게 주님은 한별이와 함께 했던 시간들을 통해 육의 열심을 내려놓고 삶을 통해 그분을 섬기는 것이 무엇인지 알려 주셨습니다. 그리고 갑작스럽게 찾아온 한별이의 죽음은 천국을 사모하며 오직 주님 앞에서 '그분을 닮아가는 삶'이 전부가 되게 하셨습니다.

저희 가정에 와서 5년 10개월의 삶을 살다간 한별이의 인생이, 오늘날 성공과 번영을 향해 가는 교회와 성도들에게 진정한 믿음의 길을 걷는 것이 무엇인가를 깊이 고민하게 해 주고, 우리가 기억해야 할 죽음의 영성에 대해 깊이 묵상하게 해 주리라 믿습니다.

그리고 도저히 받아들일 수 없고 이해할 수 없는 고난 가운데 지금도 "하나님, 도대체 왜?"라고 항변하고 있을 그 누군가에게 '고난당함이 유익'이요, 그것은 '주님과 같은 길을 걷는 참 그리스도인이기에 허락된 시간'이라고 앞서 경험한 선배로서 이제는 말해 줄 수 있을 것 같습니다.

고난을 통과하는 가운데, 저는 주께 헌신된 삶을 살아가는 그리스도인에게 진정한 형통이란, 주님이 함께 하시는 삶이지 고난 없는 삶이 아님을 고백하게 되었습니다. 오히려 고난당함이 그리스도인으로서 참 잘 살아가고 있다는 증거임을 고백하게 되었습니다. 혹 이 책을 읽는 분들 가운데 고난 중에 있는 분이 계시다면 곁에서 힘껏 안아 주고 보듬으며 이렇게 격려해 드리고 싶습니다.

"당신은 주님 앞에서 사탄이 시험할 만큼, 주님께서 당신을 주목하실 만큼, 아주 잘 살아가고 있는 거예요!"

이 시대는 하나님의 말씀을 살아내는 진짜 그리스도인을 보고 싶어 합니다. 사실 이 글을 쓰는 저는 특별한 사람이 아닙니다. 고난 가운데 하나님밖에 의지할 이 없는 연약한 인생일 뿐입니다. 오직 하나님께서 베풀어 주신 사랑으로 여기까지 걸어올 수 있었습니다. 그러하기에 그분의 사랑이 진짜 그리스도인의 삶을 살아내도록 당신을 인도해 주시리라 믿습니다. 하나님이 없다고 외치는 세상을 향해 하나님의 하나님 되심을 드러내도록 도우시리라 믿습니다. 그래서 세상이 "아, 하나님의 사람은 정말 다르구나"라고 인정하는 그리스도인들이 이 땅에 가득하길, 우리 삶을 통해 그리스도의 영광이 온 열방 가운데 충만하길 진정 소망합니다.

저희 가정은 여전히 긴 고난의 여정 가운데 그 끝을 알 수 없는 삶을 살아가고 있습니다. 오늘도 저희는 누군가의 도움 없이는 아무것도 할 수 없는, 호흡마저도 주께서 허락하지 않으시면 할 수 없음을 고백하게 하는 아들 예준이를 간병하며 끝이 안 보이는 여정의 길에 서 있습니다. 아버지 하나님만 의지하며 바라보는 삶 가운데 여전히 연약하고 믿음이 부족한 사람으로 말입니다.

2010년 선교지에서 갑작스럽게 떠나보낸 한별이의 이야기가 저와 같이 이해할 수 없는 고난 가운데 있는 분들에게, 의학적으로 고칠 수 없는 자녀의 질병을 안고 살아가는 어미와 아비에게, 그리고 방황하는 자녀를 바라보며 아파하고 죄인처럼 살아가는 어미와 아비에게 격려와 위로를 전할 수 있기를 진심으로 바랍니다. 그분들에게 "그럼에도 불구하고 우리와 함께 하시며 붙들어 주시는 하나님 아버지의 신실하심을 바라보면서 함께 나아가자"고 전하고 싶습니다.

선교사이기에 늘 기도와 물질로 부족한 저희 가정을 도와주시는 손길들이 있어 지금까지 지내올 수 있었습니다. 그것이 얼마나 큰 은혜인지 모릅니다. 늘 족한 은혜를 주시는 주님께 모든 감사와 찬양을 올려드립니다.

차례

part
1

Before I was afflicted I went astray,

but now I obey your word.

고난,

나를 예수님께로 인도하다

주님은 고난이라는 이름으로 이 죄인을 만나주셨습니다
인생에 박힌 고통스런 파편은 생명과 거룩으로 뿌리내리며
내 평생 주를 위해 살리라 노래하게 했습니다
고난은 그리스도를 만나는 가장 거룩한 통로였습니다

"고난당하기 전에는 내가 그릇 행하였더니
이제는 주의 말씀을 지키나이다." 시편 119:67

chapter 1

고난 가운데 예수님이 찾아오시다

사랑하는 딸 한별이를 주님 품으로 보내고 벌써 10년이 지났습니다. 그러나 저는 여전히 아들 예준이의 긴 투병과 함께 광야 길을 걷고 있습니다.

저를 만난 수많은 사람들이 제 오랜 고통에 대한 답을 주고 싶어 했습니다. 욥의 친구들처럼 제 삶에 대해 분석하려고 했습니다. 연약한 저는 그 이야기들을 그저 감사함으로 받아들이기 쉽지 않았습니다. 정직하게 말하면 "당신도 한번 나 같은 삶을 살아보고 그런 말을 하세요"라는 외침이 속에서 자주 올라오곤 했습니다.

그러나 주님의 은혜로 말미암아 딸의 죽음과 병든 아들을 바라보는 시각이 하나님의 관점으로 변화되는 순간, 삶에 피로감은 여전할지라도 제게 주어진 이 삶에 대해 감사할 힘이 생겼습니다.

저는 딸이 살아 있는 동안, 그 어느 때보다도 선교에 미쳐 있었습니다. 평신도로서 위험한 이슬람권 선교사로 서원하여 오랜 훈련을 받고 선교지로 파송되기까지 제게는 파란만장한 삶의 배경이 있었습니다. 때론 놀라운 기적을 경험했고 성경 말씀을 의심 없이 믿음으로 능력을 나타내기도 했습니다. 때론 예수님을 부인한 베드로처럼 넘어져 제 연약함을 직면하기도 했습니다. 그러나 저는 절망에 빠지고 흔들릴 때에라도 제게 주신 사명을 붙들고 살아가기 위해 믿음의 선진들을 바라보며 발버둥쳤습니다.

남편은 딸을 보낸 후에도 내내 선교지를 잊지 못하고 언제든 아픈 아들을 데리고 그곳에 가려고 하는 제게 "당신의 신앙과 믿음은 정말 유별나다"라는 말을 자주 하곤 했습니다. 그때를 돌아보면 남편의 말처럼 제가 너무 유별났던 것 같습니다. 그러나 그렇게 되기까지, 거기에는 어릴 때부터 고난을 겪으며 신음했던 삶, 그리고 그로 인하여 주님께 헌신하게 된 제 삶의 배경이 있습니다.

저는 전통적인 유교 가정의 막내딸로 전주에서 태어나 자랐습니다. 아버지는 함평 이 씨의 대장손으로 늘 3,4대 증고조 할아버지할머니 가문의 시제 제사까지 다 드리셨습니다. 어릴 적 아버지를 따라 다닌 선산에는 어르신들의 묘가 있었고 산을 돌보는 산지기 분이 계셨습니다. 저는 자주 찾아오는 제삿날이 좋았습니다. 그 이유는 제사상에 올리는 풍성한 음식 때문이었는데, 특히 아버지가 직접 깎아 올리시는 생률을 오도독 씹어 먹는 것을 가장 좋아했습니다. 당시 대장손 집의 종손 아비가 예수님을 믿는 것은 하늘의 별따기보다 어려운 일이었습니다. 그러나 훗날 하나님께서는 질병이라는 고난을 통해 저희 가정을 찾아오셨습니다.

저희 아버지와 어머니는 가문끼리 왕래하는 사이로 서로 얼굴 한 번 보고 결혼하셨습니다. 어머니는 대장손집 며느리로 시집오셔서 쉴 새 없이 제사상을 차리는 등 많은 고생을 하셨습니다. 그 사연을 들으면 어찌나 가여운지 모릅니다. 아버지는 6·25 때 학도군병으로 전쟁에 참여한 경력으로 직업군인으로 계시다가 검찰청에서 서기로 일하셨고, 교련 과목이 생겼을 때 임용에 합격하셔서 교련 선생님으로 근무하셨습니다.

아버지가 직업군인이셨던 시절, 부모님은 막 돌이 지난 아들을 잃으셨습니다. 이후 자식이 없다가 4년 만에 귀한 아들을 낳으셨고, 3년 후에 둘째 아들을 낳으셨습니다. 저는 어머니가 서른다섯 살에 가진 늦둥이었습니다. 손이 귀하고 딸이 귀한 집안이라 아버지는 좋아하셨지만 어머니는 고된 삶으로 인해 저를 낳고 싶지 않으셨다고 합니다.

제가 여섯 살 때, 엉덩이에 조그만 혹이 발견되었습니다. 종양이었습니다. 그때나 지금이나 엉덩이 아래 대퇴부 연결 부위에 종양이 생기는 것은 흔한 일이 아니었기에 병원에서는 당장 수술을 하라고 강권했습니다. 그러나 부모님은 "지금은 날이 추우니 좀 따뜻해지면 전주 예수병원에서 수술을 시키겠다"고 거절하셨습니다. 아마도 종양에 대해 무지하셨던 것 같습니다. 이로 인해 저는 종양을 더 키워 일곱 살에 수술을 받았습니다. 그러나 3년 뒤에 재발하여 열 살에는 방사선 치료까지 받아야 했습니다. 그렇게 제 어린 시절은 고통과 질병으로 채워졌고, 맘껏 뛰어노는 친구들이 마냥 부럽기만 했습니다.

그러나 그것으로 끝나지 않았습니다. 중학교 1학년 때 또다시 재발하고 만 것입니다. 저는 전보다 상황이 심각하여 대퇴부 뼈를 긁어내는 큰 수술을 받았습니다. 수술 후에는 혼자서 멀리 있는 병원까지 방사선 치료를 받으러 걸어다녔는데 얼마나 무리가 되었는지 그때부터 다리를 조금씩 절기 시작했습니다.

　당시 저희 형편은 저 하나만으로 충분히 힘든 상황이었는데, 그로부터 6개월이 지나 평소 건강하시던 아버지가 췌장암 판정을 받으셨습니다. 그것은 저희 모두에게 너무도 충격적인 일이었습니다.

　아버지가 힘들게 암 투병을 하실 때, 어머니는 집으로 이발사를 불러 머리를 잘라 드리곤 했습니다. 그리고 그 일은 훗날 저희 가정에 놀라운 변화를 가져왔습니다. 어느 날, 이발사 분이 아버지께 자신이 다니는 교회 목사님, 성도들과 함께 심방을 와도 되겠느냐고 조심스레 여쭈셨습니다. 평소 같았으면 아버지가 호통을 치시며 거절하셨을 텐데 얼마나 고통스러우셨는지 지푸라기라도 잡는 심정으로 이를 승낙하셨습니다. 그런데 놀라운 일이 일어났습니다. 그분들에게 기도를 받고 통증이 경감되는 놀라운 일을 체험하신 것입니다. 그때부터 아버지는 심방 시간만 기다리셨고, 저희 가족도 기적적인 치유를 바라며 교회에 다니기 시작했습니다.

　저희의 간절한 바람과 달리 아버지는 투병 6개월 만에 하나님 품에 안기셨으나 이미 어머니 안에는 믿음이 굳게 자리 잡고 있었습니다. 어머니는 저희를 불러 앉히고 이렇게 말씀하셨습니다.

"비록 아버지는 돌아가셨지만 이제 우리 집은 하나님을 섬길 것이다. 앞으로 더 이상 제사를 드리지 않겠다!"

어머니는 선포하신 대로 집안의 모든 제사를 없애고 복음을 전하셨습니다. 안타깝게도 두 오빠는 시간이 지나면서 교회를 떠나고 말았습니다.

저는 아버지의 투병으로 한동안 외래 진료를 다니지 못하다가 중학교 3학년 때 어머니를 따라 오랜만에 병원에 갔습니다. 어머니는 검진을 위해서라기보단 사춘기 딸에게 방사선 치료로 인해 움푹 파인 엉덩이 재건성형수술을 해 주고 싶어 데려가신 것이었습니다. 그러나 그날 저희는 전혀 예상치 못한 이야기를 들었습니다. 다 나은 줄 알았는데 종양 부위를 검사한 결과는 아주 참담했습니다.

"이제 종양이 뼈까지 번져 다리를 잘라내야 합니다."

어릴 때부터 만나온 예수병원의 외과의사, 저는 파란 눈의 그 외국인 의사 선생님을 아직도 생생히 기억하고 있습니다. 제가 선교사가 되어 아픈 두 자녀를 바라볼 때면 간혹 그 시절이 떠오르곤 했습니다. 그러다 하루는 '혹시 그 의사 선생님이 선교사로 오셨던 분은 아닐까?' 하는 생각이 들어 예수병원 외국인 의사를 검색해 보니 그분의 이름은 '설대위'(David John Seel, 1925.4-2004.11.21. 미국인 의료선교사로서 한국의 슈바이처, 예수병원의 아버지라고 불

렸음)였고 정말 선교사님이셨습니다. 이 사실을 지금 선교사의 삶을 살아가는 제 인생에 비추어 보니, 하나님의 계획하심이 얼마나 놀라운지 새삼 깨달아집니다. 물론 당시는 제게 다리를 잘라야 한다고 말한 무서운 의사선생님이었지만 말입니다. 어머니는 절망스러운 상황이었으나 그 자리에서 이렇게 말씀하시고는 저를 데리고 나오셨습니다.

"선생님, 수술해서 딸이 평생 불구자로 사느니 차라리 하나님께 매달리겠습니다!"

어머니는 그날로 저를 휴학시키시고, 담임목사님이 인도하시는 부흥집회에 데리고 다니셨습니다. 그러다가 하루는 서울에 있는 기도원에 가면 죽을병도 낫는다는 이야기를 들으시곤 당장 짐을 싸서 저를 데리고 가셨습니다.

저희는 서울로 올라와 세검정기도원에서 지내다 다음에는 포천할렐루야기도원으로 갔습니다. 그곳이 이단인지도 모르고 원장에게 기도 받으면 낫는다는 소문만으로 찾아간 것이었습니다. 그곳에 도착하니 말기 암 환자부터 들것에 실려 들어온 죽음을 앞둔 중증환자들까지 정말 많았습니다. 그들에 비하면 저는 경증환자 측에 속할 정도였습니다. 어머니는 그곳에서 3개월간 함께 계시다가 전주 집으로 내려가셨고, 저는 홀로 남아 3개월간 더 생활했습니다. 아무것도 모르던 시절, 매일 기도하고 찬양하는 그곳은 제게 천국처럼 느껴졌습니다.

K원장은 환부 부위를 손으로 긁으면서 안찰 기도를 했습니다. 저는 그런 원장을 따라다니면서 기도 받은 환자들의 환부에 붕대 붙이는 작업을 했고, 그러다가 제 차례가 되면 환부를 내밀고 기도를 받았습니다. 그렇게 기적을 바라며 간절히 지내던 어느 날, 주님의 은혜로 제가 원장의 눈 밖에 나서 기도원에서 쫓겨나는 사건이 발생했습니다. 거동이 가능했던 저는 점심식사 때마다 칼국수 나르는 일을 맡아 했는데, 하루는 너무 고단하여 마루에 앉아 잠시 쉬고 있었습니다. 그때 원장이 저를 보고 게으름을 피운다고 여겼는지 "저 아이 당장 쫓아내!"라고 화를 냈고, 그 즉시 저는 쫓겨났습니다. 그렇게 저는 6개월 만에 다시 집으로 돌아오게 되었습니다.

제 상태는 전보다 훨씬 더 안 좋았습니다. 오직 하나님만을 바라며 간절히 기도해 왔는데 나아지기는커녕 왼쪽 다리에 극심한 통증을 느끼며 5분도 채 걷지 못하게 되었습니다. 그럼에도 제 안에는 다른 친구들처럼 평범하게 학교에 가고 싶은 소원이 있었습니다.

"엄마, 나 학교에 너무너무 가고 싶어!"

그때 어머니는 이것이 딸의 마지막 소원이 될지도 모른다는 생각에 학교에 다닐 상태가 아님에도 불구하고 중학교 3학년 복학을 신청해 주셨습니다. 드디어 개학날, 모두 일렬로 서서 교장선생님의 연설을 듣는데 어김없이 다리에 통증이 찾아왔습니다. 저는 훌쩍훌쩍 울다가 옆에 있던 학생의 도움으로 선생님께 상황이 전달되어 조퇴를 하고 집으로 겨우 돌아와 그 자리에 쓰러져 사흘간 시름시름 앓았습니다.

'나는 이렇게 앓다가 죽는구나.'

앓다가 문득 정신을 차릴 때면 이런 생각이 들었습니다. 그런데 나흘째에 기적이 일어났습니다. 모든 통증이 사라지고 일어나 걷고 뛰게 된 것입니다.

"엄마, 엄마, 하나님이 나를 고쳐 주셨어!"

이 부인할 수 없는 치유의 기적을 경험한 후로 제 안에는 주님이 행하시는 기적을 의심하지 않고 구하는 믿음이 생겼습니다. 성경 말씀이 그대로 믿어졌고, 매일매일 말씀을 읽으며 그대로 살고자 노력했습니다.

chapter 2

인정받는 삶인가, 주님을 인정하는 삶인가

저는 어릴 때부터 노래하는 것을 무척 좋아했습니다. 중학교 때는 교내 합창단에서 활동했고, 다리를 절어 고등입시체력장에 도전할 수 없는 종목은 노래로 점수를 대체하곤 했습니다. 담임목사님은 종종 교회에서 운영하는 기도원에 저를 세우시고 간증과 찬양을 하게 하셨습니다. 모인 성도들은 이미 불구가 되었어야 할 제가 두 다리로 서서 찬양하는 모습을 보면서 눈물을 흘렸습니다. 당시 기도원 원장님은 고등학교에 가지 말고 복음성가 가수를 하라고 권하기도 하셨습니다.

어느 날, 교회에 반주자 선생님이 새로 오셨는데 성가대에서 찬양하는 제 목소리를 들으시고 가까이 다가와 누구인지 찾으셨습니다. 저는 얼굴을 붉히며 그분 앞에 섰습니다.

"목소리가 아주 좋던데 혹시 성악을 해 보지 않겠니?"

알고 보니 반주자 선생님은 이태리 밀라노에서 유학을 마치고 막 귀국한 성악을 전공한 분이셨습니다. 담임목사님의 설교에 은혜를 받아 저희 교회 반주자로 섬기러 오신 것이었습니다.

노래하는 것을 좋아했던 저는 그때부터 선생님께 발성법과 이태리 가곡을 배우기 시작했습니다. 정말 행복했습니다. 감사하게도 선생님은 저희 집안 사정을 아시고 레슨을 무료로 해 주셨습니다. 그런데 제가 성악을 배운다는 말에 두 오빠가 반대하며 나섰습니다.

"네 주제에 무슨 성악을 하겠다고 난리야!"

이 일로 집안에 갈등이 불거지자, 어머니는 선생님을 찾아가셨습니다. 선생님은 어머니께 형편이 어려웠던 자신의 이야기를 들려주며 설득해 나가셨습니다. 마침내 어머니는 저희 형편을 배려해 주시는 선생님의 모습에 감동을 받고 제가 성악을 전공할 수 있도록 지원해 주기로 결정하셨습니다.

저는 선생님께 이태리 소프라노 발성법인 '레쩨로'와 이태리 가곡들을 배우면서 성악에 푹 빠져 살았습니다. 그러나 제게는 극복하지 못하는 큰 문제가 있었습니다. 무대에만 오르면 호흡이 불안해지고 염소 소리처럼 불안한 소리가 나는 것이었습니다. 결국 저는 두 해 동안이나 대학 입시에 떨어지고 말았습니다. 이제 더 이상의 도전은 어려운 상황이었습니다. 서울로 직장을 잡은 큰오빠를 따라 가족 모두 전주에서 서울로 올라와 적응하는 시기라 반대가 더 심했고, 서울에서 만난 교수님의 레슨비가 너무 비싸 집을 팔고 남은 여윳돈으로 지원해 주신 것인데 또 떨어진 상황이었기 때문입니다. 그러나 저는 가족의 반대에도 불구하고 홀로 삼수를 작정하고 날마다 교회로 달려가 눈물로 기도했습니다.

"주님, 도저히 성악을 포기하기 어렵습니다. 제발 길을 열어 주셔서 이번에는 경희대 성악과에 꼭 합격하게 해 주세요. 프리마돈나가 되어 무대에 서는 것이 제 꿈입니다. 제 목소리로 주님을 찬양하는 삶을 살게 해 주세요."

저는 레슨비를 직접 벌기 위해 집 근처 분식점에서 아르바이트를 시작했습니다. 이후 친구의 도움으로 한 선생님을 소개받았습니다.

"이 주소로 찾아가서 선생님을 만나봐 봐. 좋으신 분이라

네 사정을 말하면 아마 레슨을 해 주실 거야."

　독실한 크리스천이셨던 선생님은 제 사정에 안타까워 하셨고, 제 형편에 맞는 금액으로 레슨을 해 주기로 하셨습니다. 하나님이 만나게 해 주신 너무도 고마운 분이었습니다. 선생님은 입시가 다가올수록 더 시간을 내어 안정적인 호흡과 소리를 위해 집중 레슨을 해 주셨고, 입시 한 달 전에는 아예 학원에서 재워 주시며 특별 레슨을 해 주시는 등 세심하게 보살펴 주셨습니다. 더욱이 재정이 어려워 반주자를 구할 수 없는 것을 아시고 실기시험 당일에는 입시 반주까지 해 주셨습니다.

　실기시험 당일, 저는 너무 긴장한 탓에 노래를 잠시 중단하는 실수를 저지르고 말았습니다. 다행히 차분히 반주를 이어가시는 선생님의 피아노 소리에 정신을 차리고 곧다시 노래를 이어나갔지만 '이렇게 큰 실수를 했으니 이번에도 떨어졌구나'라는 생각을 떨칠 수가 없었습니다. 아무 기대도 되지 않고 이제는 다 끝났다고만 여겨졌습니다. 그런데 놀라운 일이 일어났습니다. 합격자 명단에 제 이름이 있는 것이 아닙니까!

　"주님, 감사합니다. 주님, 감사합니다!"

　제 부르짖음에 응답해 주신 주님께 감사의 고백과 찬양이 멈추지 않았습니다. 그동안 저를 위해 애써주신 선생님께 떨리는 목소리로 합격의 기쁨을 전해드렸습니다. 돌아보니 모든 것이 은혜이며 기적이었습니다. 그렇게 저는 성악을 시작한 날부터 그토록 가고 싶어 한 경희대학교 성악과에 스물네 살의 나이로 들어갔습니다.

저는 대학교에 입학해 기독 동아리를 찾던 중 대학생 선교단체인 죠이선교회를 만나 '경희 죠이'에 들어갔습니다. 그곳에서 매주 소그룹 성경공부를 하며 하나님을 인격적으로 알아갔고, 대학교 3학년 여름수양회 때는 풀타임 사역자로 헌신하게 되었습니다.

저는 여러 대형교회에서 페이를 받으며 솔리스트로 섬길 기회가 있었지만, 담임목사님의 부탁으로 섬기던 교회에 남아 주일예배 1부부터 예배특송, 중고등부 성가대 지휘, 성가대 솔리스트, 예배인도자, 찬양팀 싱어, 청년부 임원으로 섬겼습니다. 또래 청년들과 큐티를 하고 기도 모임을 만드는 등 열심으로 교회를 섬겼습니다.

그런데 주님을 알고 경험할수록 제 안에 불편한 마음이 생기기 시작했습니다.

'내가 성악가로서 성공하고 싶은 것이 정말 주님을 위해서일까?'

저는 이에 대해 깊이 고민하고 기도하면서 제 안에 깊숙이 자리한 인정받기 원하는 마음과 지독한 야망을 발견했습니다.

"주님, 늘 인정받고 싶어 하는 마음과 제 자신을 위한 야망을 내려놓고 오직 주님이 원하시는 곳에서 주님이 기뻐하시는 일을 하길 원합니다. 저를 주께 드리오니 받아주소서."

이후로 저는 제 모든 것을 내려놓고 캠퍼스 복음 사역에 헌신했습니다.

chapter 3

복음 전파, 내 삶의 이유가 되다

고등학교 3학년 때부터 저와 함께 찬양팀에서 섬긴 후배가 있었습니다. 내성적이지만 그 형제의 신앙고백은 깊이가 있고 저와 대화도 잘 통했습니다. 저는 형제가 대학에 입학했을 때 제가 헌신하는 죠이선교회로 인도하여 함께 청년부의 개혁에 대하여 고민하고 서로의 삶을 나누었습니다.

그가 다닌 건국대학교에는 죠이 모임이 없었기에 그가 직접 개척 멤버가 되어 캠퍼스 전도를 하기 시작했습니다. 그 시기에 저도 성악가의 꿈을 접고 캠퍼스 선교 개척에 헌신하며 '경희 죠이'와 '건국 죠이'를 섬겼습니다.

저희는 사는 동네도, 섬기는 교회와 선교회도 같았기에 늘 함께 했고, 그러다 보니 어느새 서로의 마음을 잘 아는 든든한 영적 동역자가 되어 있었습니다. 그리고 서로에게 있는 동료 이상의 마음을 확인하면서 누나 동생 사이에서 연인으로 발전 했습니다. 그리고 얼마 후 형제는 군 입대를 했습니다. 고등학 교 3학년 때 선교사로 서원한 그는 신학생이 아님에도 군종으 로 세워져 부대 교회를 섬겼고, 휴가 때면 군복을 입고 수양회 에 참석할 만큼 주를 위해 뜨겁게 헌신했습니다.

"하나님이 나에게 무슬림권인 T국(國) 선교에 대한 마음을 강하게 주셨어!"

저는 형제가 상병 시절에 고백한 말을 마음에 담고 그때부 터 이슬람에 대해 공부하며 그와 함께 기도하기 시작했습니 다. 이슬람에 대해 알면 알수록 제 마음에 무슬림 여성들이 품 어졌고, 마침내 저도 주님이 부어 주시는 마음에 순종하여 선 교사로 헌신했습니다.

저희는 인생의 방향을 무슬림 지역 전문인 선교사로 정하 고, 고(故) 하용조 목사님의 선교 비전을 따라 온누리교회로 옮 겨 함께 훈련을 받으며 비전을 키워 나갔습니다. 그러던 1999 년, 마침내 저희는 몇 년간 품고 기도해 온 T국과 U국으로 단 기선교를 떠나 그 땅을 밟게 되었습니다. 저희는 그곳에서 만난 선교사님들과의 교제를 통해 저희 선교 사명과 비전을 구체화시킬 수 있었을 뿐 아니라 U국의 선교사님으로부터 사역콜링을 받기도 했습니다.

한국으로 돌아오자마자 저는 죠이선교회 캠퍼스 사역을 내려놓고 선교회 해외선교 간사로 자리를 옮겨 선교동원 사역을 새롭게 시작했고, 대학 4학년이었던 형제는 변함없이 캠퍼스 전도와 제자 양육에 헌신했습니다.

"이 천국 복음이 모든 민족에게 증언되기 위하여 온 세상에 전파되리니 그제야 끝이 오리라." 마태복음 24:14

어느덧 이 말씀을 삶으로 살아내는 것, 그것이 제 인생의 전부가 되어 있었습니다. 저는 주님의 다시 오심을 예비하는 자로서, 또 선교동원가로서 전국의 모든 캠퍼스 모임에 선교 특강을 만들어 청년들의 영혼을 깨우고 미전도 종족과 이슬람권 나라에 대해 전했습니다. 정말이지 한 영혼이라도 더 헌신시키고자 서울 곳곳과 먼 지방까지 열심히 뛰어다녔습니다. 본부 모임에서는 중보기도팀을 인도하면서 미전도 종족을 알리고 복음 전파를 위해 기도했습니다. 그러면서 마음 한켠 나도 어서 선교지로 직접 나가 그곳의 영혼들을 섬기길 고대했습니다.

2001년, 저는 7년의 기다림 끝에 결혼 허락을 받고자 꽃다발을 들고 형제의 대학 졸업식에 참석했습니다.

"어머니, 제가 결혼하고 싶은 사람이에요!"

그러나 어머니는 저를 보고 마음에 들어 하지 않으셨습니다. 자신의 큰아들보다 나이가 많고 다리도 저는 것처럼 보이는데, 더욱이 예수에 미쳐 있는데 어느 부모가 쉽게 마음을 열 수 있었겠습니까? 막내아들이 교회에 나가지 못하도록 성경을 불태우는 등 반대가 극심했기에 "난 이 결혼 반대한다!"라고 모질게 말할 수밖에 없으셨을 것입니다.

그럼에도 형제는 뜻을 굽히지 않고 부모님을 설득했고, 저는 홀로 눈물로 기도하며 힘든 시간을 보냈습니다. 그렇게 두 달이 흐르고 어느 날 형제가 집으로 찾아왔습니다.

"어머니가 당신 데리고 집에 오라고 말씀하셨어. 이제 다시는 당신에게 상처되는 말 안 하실 거야!"

어머니는 "아들이 그렇게 원하니 이 결혼을 허락하마. 내가 모질게 했던 말은 다 잊어라"고 말씀하시며 저를 며느리로 받아주셨습니다.

저희가 드디어 결혼한다는 소식에 함께 애태우며 기도해 준 많은 동역자들이 기뻐하고 축복해 주었습니다.

chapter 4

선교사가 되어 핍박의 나라에 들어가다

결혼 승낙을 받은 저희는 상견례도 생각하지 못한 채 손을 잡고 바로 온누리교회 서빙고 본당 결혼식 예약 상담을 하러 갔습니다. 7월 장마 기간에만 예식이 비어 있다고 하여 그 자리에서 바로 장마 주간의 금요일 오후 5시로 정했습니다.

신혼여행지는 저희가 함께 오랫동안 기도해 온 T국과 선배 선교사님께 사역 콜링을 받은 U국으로 결정했습니다. 그때 형제는 두란노해외선교회(TIM) 간사로 섬기고 있었습니다.

"무슨 신혼여행을 아웃리치처럼 가려고 해?"

그는 이렇게 투덜대면서도 현지 선교사님과 스케줄을 잡고

2주간 휴가를 냈습니다. 그때 저희가 T국과 U국을 신혼여행지로 정한 이유는 주님의 부르심을 확증 받고 싶었기 때문입니다.

저희는 양육한 수많은 제자들, 함께 눈물로 기도해 온 동역자들의 축복과 주님의 은혜 가운데 결혼식을 잘 마치고 그토록 바라던 선교지를 밟았습니다. T국의 아름다운 보스포루스 해협과 갑바도기아 초대교회 성지를 둘러볼 때의 감동은 이루 표현할 수 없을 만큼 컸습니다. 이후 저희는 U국으로 옮겨 선배 선교사님의 극진한 대접과 축하를 받았습니다. 사랑하는 사람과 하나님의 나라를 꿈꾸던 그때의 추억은 꺼내면 꺼낼수록 아름답기만 합니다.

"내가 너를 모태에 짓기 전에 너를 알았고 네가 배에서 나오기 전에 너를 성별하였고 너를 여러 나라의 선지자로 세웠노라…" 예레미야 1:5

저희가 T국에 가서 둘러보았을 때, 그곳에는 이미 많은 선교사님들이 파송되어 섬기고 계셨습니다. 그래서 저희는 1999년 단기선교 때 받은 예레미야 1장 5절 말씀을 깊이 묵상하고 기도하면서 사역자가 부족한 미전도 국가인 U국을 선교지로 정하였습니다.

신혼여행을 다녀온 후, 저희는 하루라도 빨리 선교사로 파송되기를 소망하며 파송단체 선교훈련도 마치고 온누리교회 선교 허입 절차도 열심히 준비했습니다. 그러나 장기선교사 훈련이 2002년 하반기에 시작한다고 하니 아직 1년이나 남아 있는 상황이었습니다. 저희는 그 남은 1년을 소중히 여기며 남편은 두란노해외선교회 간사로서 충성스럽게 섬겼고, 저 역시 죠이선교회 캠퍼스 선교동원 강의를 부지런히 다녔습니다.

그러던 어느 날, 저는 산부인과 검진을 받으러 갔습니다. 놀랍게도 임신 3주차였습니다. 그러나 동시에 태아에게 위험할 정도로 큰 자궁 근종도 발견했습니다. 그리고 그 근종으로 인해 유산의 아픔을 겪어야 했습니다.

저희는 그 아픔을 주님 앞에 내려놓고 신혼살림을 다 정리한 후 마음을 다잡고 2002년 하반기 온누리 장기 선교사 훈련 1기로 들어갔습니다. 6개월의 합숙 훈련 동안, 선교지 파송을 준비하며 열정적으로 참가하리라 굳게 마음먹었습니다. 그런데 훈련을 받은지 두 달도 채 안 되어 임신한 사실을 알았습니다. 근종이 전보다 더 커진 상태라 저는 임신 중기까지 강의실 뒤에 누워 많은 분들의 기도를 받으며 조심히 지냈습니다. 그러나 또다시 유산을 하고 말았습니다. 임신 중기까지 품어 온

태아를 떠나보낸 그때의 슬픔과 상처는 이루 표현할 수 없을
만큼 컸습니다. 그럼에도 저희는 선교의 사명으로 다시 일어
나 서로를 다독이며 몸과 마음을 일으켜 훈련을 끝까지 마쳤
습니다.

2002년 12월 선교사 파송식 날, 드디어 저희 부부는 선교사
로 임명받아 2003년 2월 선교지 U국 땅을 밟고 평신도 선교사
로서 새로운 출발을 했습니다. 그리고 그 땅을 밟은 순간부터
떠날 때까지 사랑하는 딸 한별이의 이야기가 이어집니다.

part
2

See, I have refined you, though not as silver;

I have tested you in the furnace of affliction.

고난,

나의 세상을 무너뜨리다

주님은 사랑하는 딸을 주시고 다시 데려가셨습니다
저희를 선교지에 심으시고 다시 뽑으셨습니다
저는 부르짖고 주님은 침묵하셨습니다
저는 힘써 달려가고 주님은 넘어뜨리셨습니다
고난은 나의 가장 안전한 피난처까지 따라왔습니다

"보라 내가 너를 연단하였으나 은처럼 하지 아니하고
너를 고난의 풀무 불에서 택하였노라." 이사야 48:10

chapter 5

바랄 수 없는 생명을 바라다

2003년 2월, 저희 부부는 태중의 아이를 잃은 슬픔을 뒤로하고 부르심을 따라 선교지 U국으로 들어갔습니다. 오로지 현지어 공부에만 몰두하던 어느 고요한 아침, 저는 홀로 큐티를 하고 있었습니다.

"마리아가 가로되 주의 계집 종이오니 말씀대로 내게 이루어지이다 하매 천사가 떠나가니라." 누가복음 1:38

저는 이 말씀을 묵상하는 가운데 크게 감동되어 바로 그 자리에 엎드려 믿음의 고백을 주께 드렸습니다.

"주의 계집 종이오니 말씀대로 내게 이루어지이다!"

가진 것은 없었지만 선교에 대한 소명 하나만으로도 저희의 신혼은 행복했습니다. 그러나 생명을 전하기 위해 달려가는 길 위에서 경험한 두 번의 유산은 큰 상처가 되고 말았습니다. 조심 또 조심하며 이번에는 꼭 지켜내자 했건만, 장기 선교사 훈련 중 경험한 두 번째 유산은 충격이 더 컸습니다. 임신 14주를 넘어 안정기에 들어설 무렵이었기에 충격이 더 컸습니다. 그때 아이의 초음파 사진을 붙들고 남편과 얼마나 울었는지 모릅니다. 당시 산부인과 의사는 자궁근종으로 인해 유산을 겪은 저희 부부에게 강한 어조로 말했습니다.

"근종이 너무 커서 다시 임신을 하더라도 계속 조산할 뿐아니라 산모도 위험해지니 자궁을 들어내고 아이 없이 사는 편이 두 분께 좋을 것 같습니다."

그런데 놀랍게도 이 소견을 듣고 현지로 파송된 지 6개월도 안되어 제가 아이를 가진 것입니다. '이제는 사역을 위해 언어 공부에만 집중해야지'라고 했는데 주님의 생각은 저희의 생각과 전혀 달랐습니다.

"이는 하늘이 땅보다 높음 같이 내 길은 너희의 길보다 높으며 내 생각은 너희의 생각보다 높음이니라." 이사야 55:9

임신하기 바로 전, 주님은 파송단체 동역자 정기 기도모임에서 한 선교사님의 가정을 통해 계속해서 '임신'에 대하여 말씀하시며 태중의 자녀를 잃은 아픔과 임신 불가능이라는 기억하고 싶지 않은, 그저 덮어두고만 싶은 아픔을 바라보게 하셨습니다. 그때 저희는 꾹꾹 누르고 있던 슬픔과 절망을 고백하며 주님께 나아가 엎드렸습니다. 그리고 며칠 후, 예수 그리스도를 잉태한 마리아의 믿음의 고백 앞으로 저를 인도해 주신 것입니다.

앞에서 언급했듯 저는 중학교 3학년 때 대퇴부 종양으로 다리를 절단해야 하는 절망스런 상황에서 주님의 기적을 경험했습니다. 그 놀라운 체험은 다시 걸을 수 있다는 기쁨을 넘어 주께는 불가능이 없다는, 즉 '불가능을 가능으로 믿는 믿음'을 제게 주신 일이었습니다.

"대저 하나님의 모든 말씀은 능하지 못하심이 없느니라 마리아가 이르되 주의 여종이오니 말씀대로 내게 이루어지이다…." 누가복음 1:37-38

저는 능치 못함이 없으신 주님의 말씀 앞에 조금도 망설이지 않고 마리아의 믿음의 고백을 제 고백으로 드렸고, 하나님의 은총을 받아 아이를 가졌습니다.

임신 확인 후, 저는 랭귀지 스쿨을 그만 다니고 많은 시간을 누워 지냈습니다. 현지의 영국계 담당의사는 아무것도 하지 말고 누워서만 지내야 한다면서 태아가 6-7개월까지 살 수 있을지 확신할 수 없다고 말했습니다. 저는 남편의 도움으로 현지 수도에 있는 인터내셔널병원 산부인과 진료를 다녔고, 현지 태교 음악을 들으며 대부분의 시간을 태중 아이를 위하여 기도하며 보냈습니다.

그때 저희는 현지 삶을 그대로 살아내자 다짐했던 터라 세탁기 등 제대로 된 살림살이가 하나도 없었습니다. 그래서 제가 임신 중에 남편이 손빨래 등 집안일을 하며 고생을 많이 했습니다. 그래서 늘 피곤했지만 생명에 대한 간절함과 감사가 있었기에 기쁨이 넘쳤습니다.

자궁에서 근종과 함께 자라난 아이는 그 열악한 환경 속에서도 주님의 돌보심과 많은 분들의 기도 가운데 아주 건강하게 자라주었습니다. 한별이는 평생 자녀가 없으리라 여겼던 저희 부부에게 기적의 선물로 와주었습니다.

'하나님의 별'이 태어나다

저희는 혹시나 모를 조산에 대비하여 임신 중기 후반에 한국으로 들어와, Y대학병원 산부인과에서 진료를 받으며 임신 38주 차에 수술 날짜를 잡았습니다. 이제 곧 아기를 만난다고 생각하니 가슴이 두근거리고 떨렸습니다.

2004년 3월 9일, 주의 은총을 입은 딸 한별이가 태어났습니다. 저는 척추 부분 마취를 하여 의료진의 손에 안긴 아기와 잠시 반가운 인사를 나눈 후, 곧바로 잠이 들었습니다. 산모인 저도, 2.8킬로그램으로 태어난 아기도 모두 건강했습니다. 마취가 풀리면서 오는 통증이 고통스러웠지만 남편의 지극한 간호를 받으며 사흘째부터는 신생아실에 있는 딸을 만나러 갈 수 있었습니다. 정말이지 그 기쁨은 이루 표현할 수 없을 만큼 컸습니다. 더욱이 기도드린 대로 제 작은 눈을 닮지 않고 남편의 큰 눈을 닮아 이목구비가 또렷하고 예뻐서 참 감사했습니다.

저와 한별이의 퇴원 날짜가 다가올 즈음, 예상치 않은 일이 생겼습니다. 딸에게 황달이 와서 저만 퇴원을 하게 된 것입니다. 홀로 집에 돌아온 후, 면회시간을 손꼽아 기다리다 찾아가면 아이는 이미 젖병에 익숙해져 엄마를 만나도 젖을 빨지 못해 안쓰럽고 미안했습니다.

한별이는 일주일간의 황달 치료 후, 친정집 작은 방 한 칸에서 초보 엄마아빠와 서로 적응하는 시간을 갖기 시작했습니다. 아기는 밤낮으로 쉬지 않고 울며 배고픔과 대소변의 불쾌감을 표현했습니다. 제가 아무리 안고 달래도 진정이 되지 않을 때는 아빠에게 도움을 청하곤 했는데, 그러면 언제 울었냐는 듯 그 품에 안겨 곤히 잠들곤 했습니다.

저희 부부는 갓난아기와 씨름하며 점차 사역지로 돌아갈 계획을 세웠고, 아기 한별이가 생후 50일 되는 날에 출국하기로 결정했습니다. 지금 돌아보면 그 열악한 환경에 어떻게 신생아를 데리고 가겠다는 생각을 했는지 모르겠습니다. 그러나 그때는 아무 갈등이나 반대가 없었습니다. 모두가 하나님의 은혜로 태어난 한별이를 인정하고 알았기에 오히려 많은 분들이 저희 사역을 위해 기도해 주었고 저희의 선교 열정을 격려해 주었습니다.

선교에 헌신된 부모가 태속에서부터 구별하여 선교사로 서원하여 드린 아기 이한별, 저희는 이 아이가 자라 '하나님의 별'이 되어 이방의 빛이 되기를 간절히 소망했습니다.

"이미 죽을 인생을 살려 주신 하나님, 생명을 낳을 수 없는 인생에 생명을 주신 하나님, 저희 가정의 모든 인생이 주의 것입니다. 우리를 받아주소서!"

드디어 50일째 되는 날, 저희는 한별이를 고이 안고 선교지로 가기 위해 공항으로 출발했습니다. 어린 생명과 함께 그 땅을 밟는다고 생각하니 마음이 뭉클했습니다.

"주 여호와의 영이 내게 내리셨으니 이는 여호와께서 내게 기름을 부으사 가난한 자에게 아름다운 소식을 전하게 하려 하심이라 나를 보내사 마음이 상한 자를 고치며 포로된 자에게 자유를, 갇힌 자에게 놓임을 선포하며." 이사야 61:1

나는 빵점짜리 엄마

갓난아기 한별이는 아기 바구니에 누워 비행 7시간 만에 무사히 U국의 수도 T시(市)에 도착했습니다. 그때가 수도에서 언어 공부를 마치고 지방으로 사역지를 옮기려던 시점이었기에 저희는 동료 선교사님이 마련해 준 작은 안식처에서 사역지가 될 S시에 집을 구할 때까지 보름 정도 머물렀습니다. 이후 S시로 옮겨 미국인 사역자가 살았다는 집으로 안내받았으나 2년 넘게 비어 있던 그 집은 먼지가 심해 도저히 아기와 함께 지낼 수 없는 곳이었습니다. 그래서 하루 만에 다시 다른 곳으로 이동하여 S시 외국어대학에서 가까운 방 두 개짜리 작은 아파트에 드디어 짐을 풀었습니다.

속상하게도 한국에서 현지로 오는 사이 젖이 다 말라 아이가 울 때마다 정신없이 분유를 타야 했고, 아침이든 낮이든 밤이든 새벽이든 보채면 하던 일을 모두 내려놓고 뛰어가 달래 줘야 했습니다. 그렇게 미숙한 엄마아빠와 한별이의 현지 적응이 시작되었습니다.

저는 새로운 사역지 적응도 힘겨웠지만, 솔직히 우는 아기를 달래는 일이 더 힘들었습니다. 저는 평소에 아이들에게 관심이 없었습니다. 같이 재미있게 놀아본 적도 없었습니다. 주로 청소년 사역과 청년 사역만 해 온 것도 영향이 컸습니다. 그런 제가 태어나 처음 만난 아기가 한별이었으니 하나부터 열까지 얼마나 미흡했을까요? 저는 모든 면에서 부족한 빵점짜리 엄마였습니다.

당시 복음의 열정이 한창 불타오르던 제게 선교는 목숨보다 귀했습니다. '엄마'라는 이름보다 '선교사'라는 이름이 먼저였습니다. 더욱이 캠퍼스 사역을 열심히 하며 사역 열정이 끓어 오르던 제게 집안에 꼼짝없이 있어야 하는 육아는 제 모든 기질을 거스르는 힘겨운 것이었습니다. 저는 일주일에 한 번 지역 선교사 기도모임이 있는 날이면, 홀로 구석진 방에서 우는 한별이를 달래며 채워지지 않는 영혼의 고단함을 느끼곤 했습니다. 행복하면서도 감당하기에 버거운 시간들이었지만, 여느 부모와 같이 아이가 곤히 잠든 모습을 보면 사랑스러워 어쩔 줄 몰라 했습니다.

또 다른 나라에서 맞이한 백일

T국에서 유라시아 지역 선교사 전략회의가 계획되어 저희 가족은 현지에 들어온 지 얼마 되지 않아 또다시 비행기를 타야 했습니다. 전략회의란, 중동과 중앙아시아, 그리고 이스라엘에서 사역하는 선교사 30-40가정이 모여 선교 보고를 하고 어떻게 복음을 전략적으로 전할지에 대해 서로 나누며 기도하는 모임을 가리킵니다.

'이방의 별'이 되길 간절히 소원한 아기 한별이는 이 모임에 참석하기 위해 기독교 박해 국가 중 하나인 U국 땅에 이어 T국 땅을 밟게 되었습니다. 저는 열방을 향해 나아가는 아이를 바라보며 앞으로 펼쳐질 삶, 복음에 헌신될 삶을 기대했습니다.

특별히 한별이는 전략회의 중에 아주 행복한 백일을 맞았습니다. 모임 중에 깜짝 백일잔치를 열어 주신 것입니다. 그 자리에 모인 모든 선교사님들이 한별이를 향해 손을 내밀고 축복해 주셨습니다.

당신은 하나님의 언약 안에 있는 축복의 통로
당신을 통하여서 열방이 주께 돌아오게 되리
당신은 하나님의 언약 안에 있는 축복의 통로
당신을 통하여서 열방이 주께 예배하게 되리 축복의 통로, 이민섭

그 시간은 육아에 지쳐 있던 저희 부부에게도 큰 선물이 되었습니다. 자유 시간에 거리로 나가면 한별이는 마치 연예인처럼 현지인들에 둘러싸여 사진 요청을 받았습니다. 그곳에서 가는 곳마다 사랑을 받으며 즐거운 시간을 보냈습니다.

특별히 저희는 선교사의 비전을 품고 신혼여행으로 갔던 이스탄불 보스포루스(Bosporus) 해협을 다시 방문할 수 있어 더 뜻 깊은 시간을 가질 수 있었습니다. 그때만 해도 이렇게 사랑스러운 딸이 저희에게 있으리라 상상하지 못했는데, 이제 저희는 하나님께서 주신 기적의 선물 한별이와 셋이 되어

있었습니다.

　뿐만 아니라 평신도 선교사로 세워져 존경하는 선교사님들과 하나님 나라 일에 동참하고 있었습니다. 그것은 정말이지 가슴 벅찬 일이었습니다. 그곳에서 꿈만 같았던 행복한 시간을 허락해 주신 주님의 사랑을 느끼며 제 마음은 감사로 가득 채워졌습니다.

캠퍼스 사역이 펼쳐지다

　하나님께서 대학생 대상의 컴퓨터 사역과 제자양육 사역에 대한 뜨거운 감동을 주셔서 저희는 그 비전을 품고 기도하기 시작했습니다. 어떻게 하는지도 모르고 아무것도 준비되어 있지 않았지만, 순종하며 나아가자 주님께서 예비하신 놀라운 일들이 나타났습니다. S시 건축대학에서 강의실 세 개를 교육센터로 사용할 수 있도록 저희에게 허가해 주었습니다. 뿐만 아니라 캠퍼스 사역을 위한 후원금이 모여 한국에서 컴퓨터를 구입하고 그 외 모든 필요한 물품들을 준비할 수 있게 되었습니다.

"너희 안에서 행하시는 이는 하나님이시니 자기의 기쁘신 뜻을 위하여 너희에게 소원을 두고 행하게 하시나니." 빌립보서 2:13

　　교육센터의 컴퓨터반과 한국어반 강의 개설을 앞두고 생각지도 못한 한국어 교육에 대한 비전이 제게 그려졌습니다. 주님은 사역자들의 격려와 추천 가운데 제가 한국어 교육을 위한 적임자라고 말씀해 주셨습니다. 그렇게 저는 출산 후 처음으로 사역 필드에 서게 되었으나 마냥 좋지만은 않았습니다. 한국어 수업이 있는 날이면, 8개월 된 한별이를 누군가에게 맡겨야 했기 때문입니다. 저는 아이와 처음으로 떨어지던 날, 발길이 쉽게 떨어지지 않고 마음이 무거웠습니다. 엄마를 찾으면서 우는 한별이에 대한 걱정이 밀려올 때마다 주님께서 아이를 돌봐주실 것을 믿고 캠퍼스 영혼 구원에 대한 마음을 굳게 세웠습니다.

　　한별이에게는 엄마의 빈자리를 느끼는 시간이었지만, 제게는 영혼을 향한 구령(救靈)의 열정을 회복하는 시간이었습니다. 더욱이 한국어 수업은 남편의 컴퓨터 수업을 듣는 대학생들과의 만남으로 자연스럽게 이어져 토요 모임이 세워지는 전략적인 시간이 되었습니다.

수료식을 함께 한 꼬마 선교사

저희는 은혜 가운데 첫 학기를 잘 마치고 컴퓨터반과 한국어반 수료식을 가졌습니다. 학생들은 그 의미 있는 날을 축하하기 위해 그곳을 찾아준 낯선 외국 아기 한별이를 보며 연신 미소를 지었습니다.

저희는 수료하는 30명 이상의 학생들을 한 명 한 명 호명하여 현지 문화에 맞추어 준비한 장미꽃 한 송이와 수료증을 전달했습니다. 그러고 나서 기념사진을 찍으며 축하하는 시간을 가졌습니다. 유난히 사진 찍는 것을 좋아하는 청년들에게, 더욱이 외국인에게 컴퓨터와 한국어를 배우고 수료증까지 받게 된 그들에게 이 날은 이루 표현할 수 없이 기쁜 날이었습니다. 저는 수료증을 들고 자랑스러워하는 그들을 바라보며 생명 되시는 예수님을 어서 만나기를, 이 척박한 땅 가운데 주님의 용사로 세워지기를 마음속으로 간절히 기도했습니다.

교육센터를 세우고 수료를 하기까지 감사한 분들이 참 많았지만, 저는 그 누구보다 한별이에게 가장 고마웠습니다. 아이의 헌신이 아니었다면 불가능한 일이었기 때문입니다. 그래서인지 이 특별한 수료식을 아이와 함께 하는 것이 더 감동스럽고 감사했습니다. 그때 저는 엄마의 빈자리 가운데 현지인

선교사님께 맡겨져 현지 이유식을 먹고 현지 문화 안에 빠르게 동화되어 가는 한별이야말로 진정한 선교사가 아닐까 하는 생각이 들었습니다.

이방의 빛이 되게 해 주세요

한별이가 태어난 지 1년이 다 되어갈 무렵, S시 여러 캠퍼스에서 사역하시는 동료 선교사님들과 건축대학 총장님을 초대하여 현지 레스토랑에서 돌잔치를 열었습니다. 한복을 빌려 입히고 그동안 현지에서 찍은 예쁜 사진들을 모아 영상을 준비했습니다. 벽에는 생일축하 글자를 붙여 장식하고, 한켠에는 작은 떡 케이크와 과일로 조촐하게 차린 돌상을 준비했습니다.

총장님의 축하 메시지에 이어 동역자들의 축복 가운데 한별이의 영상이 상영되었습니다. 선교사인 엄마아빠를 따라 생후 50일 만에 비행기를 타고 먼 이국땅으로 와 함께 지낸 시간들이 주마등처럼 스쳐지나갔습니다. 지난 1년 동안 어려운 환경 가운데, 그리고 좌충우돌 허둥지둥하는 초보 엄마아빠의 부족함 가운데 건강하고 밝게 자라준 한별이에게 진심으로 고마웠습니다.

"여호와여 이러므로 내가 이방 나라들 중에서 주께 감사하며
주의 이름을 찬송하리이다." 시편 18:49

하나님께서 이 낮은 자들에게 기적을 베푸셔서 선물로 보
내주신 딸 한별이! 주님의 돌보심이 아니었다면, 저희가 신생
아를 데리고 현지에 들어와 어찌 이 모든 사역을 감당할 수 있
었을까요? 저는 한별이와 함께 울고 웃으며 보낸 모든 시간을
돌아보며 주님께 고백했습니다.

"주님, 한별이를 이 땅의 아름다운 축복의 통로로 사용해 주
셔서 감사합니다. 저희가 주님의 소유, 주님의 백성인 이 아
이를 잘 양육할 수 있도록 도와주세요. 이 아이의 삶을 통해
많은 영혼들이 주님의 사랑을 깊이 알고 깨달아 알게 해 주세
요. 주님, 아이에게 은혜를 더 부어 주시고 이방의 빛이 되게
해 주세요."

날마다 사랑스러워지다

한별이는 대학생 언니오빠들과 동료 선교사님들의 사랑

을 듬뿍 받으며 예쁘고 튼튼하게 자라주었습니다. 현지 식당에 자리를 잡고 앉아 있을 때면 아이는 어느새 사라지곤 했는데, 어디를 갔나 하고 둘러보면 현지인들이 있는 테이블에 섞여 까르르 웃고 있었습니다. 손에는 그들이 준 맛있는 사탕이나 과자, 돈을 쥐고서 말입니다. 학생들의 시골집을 방문할 때나 잔치에 초대받아 갈 때도 낯선 이방인 한별이는 어느 누구보다 현지인들과 잘 어울렸고 그들과 신나게 춤을 추며 행복해 했습니다. 한별이는 어디를 가든 주목을 받고 그곳에서 축복의 통로가 되어 주었습니다.

저는 정기적으로 평신도 선교사들이 함께 모여 드리는 예배 때마다 한별이의 모습을 보며 감동하곤 했습니다. 하늘을 향하여 그 작은 손을 들고 찬양하던 모습이 도저히 잊히지 않습니다. 동료 선교사님들은 한별이의 모습이 고(故) 하용조 목사님이 단상에 올라가시면서 손을 들고 "할렐루야" 하는 모습과 똑같다며 '작은 하 목사'라는 별명을 붙여 주기도 했습니다. 어느 때부터인가 한별이는 사진 찍을 때마다 브이(V) 자를 그리며 자신의 가장 예쁜 모습을 아는 듯 포즈를 취했습니다. 그런 모습을 보며 삼형제로 자란 남편은 갈수록 딸 바보가 될 수밖에 없었습니다. 진정 한별이는 하나님과 사람에게 더욱 사랑스러워 가셨던 예수님을 많이 닮아 있었습니다.

"예수는 지혜와 키가 자라가며 하나님과 사람에게 더욱 사랑스러워 가시더라." 누가복음 2:52

교육센터에서 남편에게 컴퓨터 수업, 제게 한국어 수업을 들은 학생들과의 만남은 자연스레 교제로 이어졌습니다. 그리고 그 만남을 이어온 지 2년이 되어가는 시기부터는 본격적으로 토요 모임이 시작되었습니다. 토요 모임이란, 저희가 제자 양육을 위해 전략적으로 세운 모임으로, 주일에 열면 정부에 발각될 염려가 있어 토요일에 현지 대학생들을 초대해 진행했습니다. 늘 긴장감이 맴돌았지만 초대문화가 익숙한 나라였기에 정부로부터 의심받지 않고 진행할 수 있었습니다. 그러나 언제라도, 누구라도 배신할 수 있는 상황이었기에 친밀히 교제해 온 열 몇 명의 대학생들만을 초대해 함께 했습니다.

한별이는 대학생 언니오빠들을 맞이할 때면 엄마 말을 곧잘 따라하며 현지어로 "안녕하세요? 잘 지내셨어요? 당신은 참 아름다워요. 사랑해요!"라고 반겨 주었습니다. 이렇듯 사랑스러운 한별이는 저희 사역에 있어 없어서는 안 될 다리 역할을 해주었습니다. 그들이 마음을 열 수 있도록 이어주는 관계의 끈이 되어 주었습니다.

chapter 6

초록나라 아이로 자라나다

초록나라 아이로 자라나다

한별이의 돌도 잘 치르고 교육센터도 체계가 잘 잡혀 안정되니 저는 근종으로 인해 더 이상 괴로워하지 않고 아예 자궁을 드러내고 사역에 몰두하고 싶은 마음이 들었습니다. 그래서 남편에게 수술을 위해 다 같이 한국에 다녀오면 어떨지 물었습니다.

"그런데 지금은 한국에 다녀온 지 얼마 되지 않아 다 같이 들어가는 건 무리인 것 같아."

저희는 이 문제에 대해 고민하며 많은 대화를 나누었습니다. 쉽게 결론이 나진 않았지만 처음 생각과 다르게 조금씩 흔들리기 시작했습니다. 수업이 한창이라 홀로 한국에 들어가

수술 받을 엄두도 안 났고, 무엇보다 선교지에서 홀로 자라날 한별이 입장에서 생각하면 너무 외로울 것 같았습니다.

그 무렵, 근종이 얼마나 자랐는지 염려되어 인터내셔널병원으로 진료를 받으러 갔습니다. 영국계 외국인인 여의사는 제가 한별이를 임신했을 때부터 진료를 해 주었고, 한국에서 아기를 무사히 출산하고 돌아온 전 과정을 아는 분이었습니다. 진료 후, 그녀는 의외의 이야기를 했습니다.

"근종이 좀 더 자라긴 했지만 아직은 태아가 자랄 만한 공간이 있으니 임신을 계획하신다면 지금이 가장 적합한 때입니다."

저는 이 문제를 놓고 주님 앞에 나아가 기도할 때면 '생명'이 소망되어졌고, 무엇보다 한별이의 외로움을 생각하니 둘째를 가져야겠다는 확신이 들었습니다. 임신에 대한 두려움이나 근심보다는 한별이를 기적적으로 임신하고 출산하게 해 주신 주님께서 둘째도 허락해 주시리라는 믿음이 있었습니다.

"하나님, 둘째를 주시려면 아들로 허락해 주세요."

기도를 하면서 저도 모르게 아들을 바라는 마음을 드러낼 때면 욕심을 내는 것 같아 부끄러웠지만, 주님은 그 기도를 외면하지 않으셨습니다.

"여호와여 주께서 나를 살펴 보셨으므로 나를 아시나이다 주께서 내가 앉고 일어섬을 아시고 멀리서도 나의 생각을 밝히 아시오며 나의 모든 길과 내가 눕는 것을 살펴보셨으므로 나의 모든 행위를 익히 아시오니 여호와여 내 혀의 말을 알지 못하시는 것이 하나도 없으시니이다." 시편 139:1-4

마음의 소원을 허락하시다

"네 마음의 소원대로 허락하시고 네 모든 계획을 이루어 주시기를 원하노라." 시편 20:4

하나님에 대한 표현 중에 '인격적인 하나님'이라는 말이 얼마나 좋은지요. 누구보다 제 마음을 가장 잘 아시는 하나님 아버지께 나아가 간구하며 제한했던 자연 피임을 풀자, 저희는 다시 한 번 기적을 경험하며 둘째를 가졌습니다.

둘째는 첫째와 다르게 특별한 태교 없이 복음 사역 가운데, 선교사님들과 기도하고 찬양하는 가운데, 한별이와 엄마랑 노는 소리 가운데 아주 건강하게 자라 주었습니다. 임신 중기에 알게 된 아이의 성별은 아들이었습니다. 제 마음의 소원을 아시고 아들을 주신 하나님께 감사드리며 그 이름을 예수님이 준비해 주신 아들, '예준'이라고 지었습니다. 둘째 예준이도 한별이에 이어 선교사로 서원하여 주게 드렸습니다. 믿음의 1세대인 저희를 따라 믿음의 가문을 잇고 세대를 이어 하나님 나라를 전할 선교사로서 사용해 주시길 간구했습니다.

그즈음 선교지에서는 동역자들의 추방 소식이 들려오기 시작했습니다. 위험한 상황이었지만 저희는 조금씩 변화되는 청년들을 향한 소망을 품고 토요 모임을 감당해나갔습니다. 토요 모임 때 저희는 먼저 재미있는 게임과 놀이 중심의 교제 시간을 가졌고, 그 후 남편이 밤새워 번역하여 자막을 넣은 성경 영화를 보거나 예수 그리스도를 만난 간증을 하기도 했습니다. 그때 저는 두 명의 사역자들의 도움을 받아 한국 음식을 만들어 대접하곤 했습니다. 저희는 점차 회복되어져 가는 학생들의 모습을 보면서 모든 위협과 두려움을 이길 수 있었습니다. 그러나 이렇게 사역 중심의 삶을 살다 보니, 어린 한별이도 저희와 함께 감내해야 할 것들이 점점 많아졌습니다.

한별이에게 나타난 이상 증상

2005년 가을, 딸에게 간헐적 사시 증상이 나타나기 시작했

습니다. 금세 괜찮아지겠지 하고 대수롭지 않게 여겼는데 시
간이 지나도 나아지지 않고, 현지 학생들도 그런 한별이를 보
며 걱정을 했습니다. 증상은 아이가 안정을 찾으면 사라졌지
만 불안해하면 곧 다시 나타났습니다.

'무엇이 아이의 마음을 불안하게 만드는 걸까? 혹시 애정
결핍은 아닐까?'

딸이 아픈 것이 다 제 탓 같아서 마음이 괴롭고 자책이 되
었습니다. 속은 타들어만 가는데 한별이는 여전히 현지인들
사이에 섞여 행복하게 웃었습니다.

그 무렵, 저는 임신 중기가 되어 한국에서의 출산 시기를
결정해야 했습니다. 그러나 양육하는 청년들을 남겨 두고 한
국으로 가는 발걸음이 쉽게 떨어지지 않았습니다.

"주님, 저들을 지켜 주시고 꼭 예수님을 만나게 해 주세요!"

출국 날, 저희는 기차역과 공항에 배웅하러 나온 청년들을
바라보면서 하염없이 눈물을 흘렸습니다. 한국에 도착해서도
그들 생각이 떠나지 않아 국제전화를 걸어 안부를 전하곤 했
습니다. 그럴 때면 그리움이 더해져 울고 또 울었습니다.

아름다운 추억을 선물하다

한별이는 한국에서도 많은 사랑을 받았습니다. 선교지에서처럼 사람들이 다가와 예쁘다고 하며 사탕이나 초콜릿을 건네주곤 했습니다. 저희 부부는 오랜만에 들어온 고국에서 한별이가 행복하고 아름다운 추억만 쌓고 돌아가기만을 바랐습니다.

하루는 태 안에 있는 예준이와 함께 인천으로 바다 여행을 떠났습니다. 딸에게 넓은 바다를 보여 주고 싶었습니다. 오랜만에 안식을 얻은 저희 부부도 모처럼 하는 여행에 기쁘고 설레었습니다. 저는 월미도에서 영종도로 들어가는 배 위에서 아빠 품에 안겨 바닷바람을 맞으며 날아가는 새를 신기하게 바라보는 딸을 보며 일상의 행복을 느꼈습니다. 모래사장을 걸으며 발자국을 남기고 두꺼비 집을 만들고 모래 쌓기 놀이로 신나하던 아이의 모습이 아직도 눈에 선합니다.

이후 저희는 한별이를 데리고 유명한 안과병원에 가서 MRI를 찍는 등 여러 검사를 했습니다. 병원에서는 내사시(사물을 볼 때 눈동자가 안쪽으로 몰리는 눈) 같으나 정확한 진단을 내리기는 어렵다고 했습니다. 저희는 사시 증상이 한별이가 불안해할 때만 나타났기에 정서적 문제로 여기고 현지로 나갈 때까지 꾸준히 놀이치료를 받도록 도왔습니다.

초록나라 아이의 이야기

한 아이가 있었습니다. 파란나라에서 태어나 파란언어와 파란문화를 배우며 파란아이로 자랐습니다. 그러다 부모를 따라 노란나라로 이사를 가서 노란문화를 배우며 노란아이로 살았습니다. 아이는 파란나라 친구들이 그리워 다시 돌아왔으나 친구들은 예전 같지 않았고 전과 다르게 파란나라가 어색했습니다. 친구들은 아이에게 말했습니다.
"너는 파란나라에서 태어났지만 노란나라에서 살다 왔으니까 파란나라 아이도 아니고 노란나라 아이도 아니야. 넌 초록나라 아이야!"

어느 미국 선교사님의 열두 살 난 자녀가 쓴 글입니다. 아이는 이 글의 마지막을 이렇게 마무리했습니다.

"내가 파란나라의 아이도 아니고, 노란나라의 아이도 아니라면 과연 나는 누구일까? 이 세상에 내가 초록나라의 아이인 채로 살아갈 수 있는 곳이 있을까?"

한국에서 태어났지만 단 50일만 이곳에서 보내고 계속 선교지에서 자란 한별이를 보면서 저는 선교사 자녀의 삶에 대해 깊이 생각하게 되었습니다. 파란나라에서 태어났지만 노란나라에서 살았고, 다시 파란나라로 돌아왔으나 파란색도, 노란색도 아닌 초록나라 아이가 되어 있던 한별이, 이 아이에게 한국은 참 낯설고 어색한 곳이 되어 있었습니다. 후에 저는 MK(Missionary Kids, 선교사 자녀) 부모 교육을 받으면서 한별이의 마음을 더욱 이해하게 되었습니다.

한별이에게 동생이 생기다

예준이는 갑작스런 가진통으로 수술 날짜보다 열흘 먼저 세상에 나왔지만 아주 건강하게 태어났습니다. 출산 시, 출혈이 많았던 저는 수혈을 받으며 회복해나갔습니다.

동생이 태어남과 동시에 한별이는 아빠, 외할머니와 많은 시간을 보내야 했습니다. 제가 제왕절개 수술로 움직이지 못할 때는 외할머니와 지냈고, 모유 수유원으로 들어갔을 때는 아빠와 함께 지냈습니다. 혹여나 동생이 태어나면서 겪는 변화들에 힘들어 하진 않을까 마음이 쓰였는데 밝게 지내주어 고마웠습니다. 한별이는 동생에게 뽀뽀를 해 주기도 했지만 귀찮아하기도 했습니다. 당시 머물던 김포공항 근처 원룸 숙소는 네 가족이 지내기에 비좁았지만, 모국에 머물 곳도, 가진 것도 하나 없는 상황에서 준비되고 채워지는 하나하나가 주님의 은혜이고 인도하심이었습니다.

한별이는 외할머니와 금세 단짝이 되어 함께 산책을 다녔는데, 외할머니랑 똑같이 뒷짐을 지고 다녀서 이웃들이 한바탕 웃기도 했습니다. 외할머니는 주무실 곳이 마땅치 않아 좁은 복도에 자리를 깔고 누우셔서 한별이를 품에 안고 재미있는 이야기를 들려주곤 하셨습니다. 걱정과 달리 한별이가 동생이 태어난 후 오히려 더 풍성한 시간을 보내게 된 것 같아 감사했습니다.

선교지에서 우리를 기다리는 영혼들

저희는 선교지에서 저희를 잊지 않고 기다리며 계속해서 안부를 물어오는 학생들로 인해 행복하고 감사했습니다. 심지어 어떤 학생들은 저희가 입국하는 날, 시간을 맞춰 공항에 마중 나오겠다고 했습니다. 교육센터에서 건축제도(AutoCAD) 수업을 받은 한 학생은 그 경력을 통해 직장을 얻게 되었다는 기쁜 소식도 전해왔습니다.

반면, 세례를 받고 집안의 반대로 힘들게 신앙생활을 하던 한 자매는 갑작스레 결혼 소식을 전해왔습니다. 아무래도 부모가 결혼을 강행한 것 같아 마음이 아팠습니다. 그곳은 본인의 의지와 상관없이 부모의 뜻에 따라 결혼하는 경우가 많았기 때문입니다.

저는 사랑을 쏟아 부은 한 영혼 한 영혼을 떠올리며 하루빨리 선교지로 돌아가고 싶었습니다. 이제 그들은 가족과도 같았습니다. 저희 가정을 무척이나 그리워하고 사랑해 주는 그들, 언제든지 어려운 일이 생기면 연락하라는 그들이 저희 가정에 얼마나 큰 위로와 힘이 되었는지 모릅니다.

"주님, 그들이 진정으로 거듭나 하나님을 인격적으로 체험하게 해 주세요. 그들에게 성령을 부어 주세요. 이 나라의 영적 리더들로 세워 주세요."

chapter 7

주님, 왜 우리입니까

예준이를 출산하고 두 달 반 만에 현지로 돌아오니 많은 것이 바뀌어 있었습니다. 정부에서 교육 사역을 하는 외국인을 추방시키고 비자도 주지 않는 상황이었습니다. 이미 현지 뉴스에서는 영어와 한국어 교육을 하는 사람은 모두 선교사이니 경계하고 고발하라는 내용을 내보내고 있었습니다. 저희도 추방되지 않으려면 하루빨리 교육센터를 닫고 비즈니스 비자를 받아야 했습니다. 눈물로 쌓아온 모든 사역을 내려놓고 앞으로 어떻게 헤쳐 나아가야 할지 막막하기만 했습니다. 그 땅에 드리워진 어두운 그늘 아래 괴로워하며 주님께 마음을 토했습니다.

위험한 상황 가운데 놓여 있었지만, 주님은 저희 집에서 한국어 강좌를 다시 시작할 수 있도록 인도해 주셨습니다. 그때 저희보다 현지어 발음이 더 정확했던 한별이가 집으로 온 언니오빠들의 한국어 실습 대상으로, 때론 선생으로 그 역할을 톡톡히 해 주었습니다. U국어, 러시아어, 타직어, 한국어를 듣고 자란 한별이는 초록나라 아이답게 발음이 특이했는데 예를 들어, "안녕하세요"를 "안녕카세요"라고 했습니다. 한별이는 사람 좋아하는 성격에 청년들이 오면 떼를 쓰거나 조르지 않았습니다. 언제 추방될지 모르는 삼엄한 분위기 속에서 모임 준비로 분주하고 예민한 엄마아빠 대신 언니오빠들 품에 잘 안겨 있었습니다. 저희는 이렇게 사랑스럽고 든든한 파트너 한별이를 통해 더 힘을 얻곤 했습니다.

그러나 한별이의 사시 증상은 사라지지 않고 계속 나타나 저희의 큰 기도제목이 되었습니다. 남편은 한별이에게 증상이 나타날 때면 기도해 주리라 마음먹고 어느 날 아침, 증상이 나타난 한별이의 손을 붙잡고 간절히 기도를 해 주었습니다. 그날 오후, 한별이가 변기에 앉아 웅얼웅얼하기에 자세히 들어보니 기도를 하고 있었습니다.

"하나님 아버지 오늘도 잘 놀고…."

저는 기도하는 딸의 모습이 참으로 사랑스러웠습니다.

선교지의 핍박이 거세지다

저희도 추방리스트에 오를 위험한 상황을 겪기도 했습니다. 부활절이 다가오던 시기, 현지 청년들을 교회에 초대하자는 교회 리더들의 제안에 남편은 오랫동안 교제해 온 청년을 인도하기로 마음먹고 그에게 물었습니다. 청년은 흔쾌히 승낙했고 저희는 그날을 기다리며 영혼 구원과 모든 안전을 위해 간절히 기도했습니다.

드디어 당일, 예상치 못한 일이 일어났습니다. 갑자기 청년이 교회 앞에서 멈춰 서더니 남편에게 이렇게 말하고 뒤돌아갔습니다.

"나에게는 무슬림의 피가 흐르고 있습니다!"

남편은 그의 뒷모습을 바라보며 마음 아파 부활절 모임을 뒤로하고 집으로 힘없이 돌아왔습니다. 그런데 만약 남편이 그 모임에 참석했더라면 추방리스트에 적혀 저희는 즉시 그 나라를 떠났어야 했을 것입니다. 그날 모임에 경찰들이 들이닥쳐 참석한 모든 외국인 명단을 다 적어갔기 때문입니다. 그 일은 여전히 복음이 굳게 닫혀 있는 것을 확인하는 아픈 경험이기도 했지만, 동시에 주님의 보호하심과 일하심을 경험한 사건이기도 했습니다.

이렇듯 늘 위협 속에 긴장하며 살아야 하는 현지 상황은 저희를 점점 더 지치게 만들었습니다. 설상가상으로 생후 8개월 된 예준이에게도 누나와 같은 사시 증상이 나타나기 시작했습니다. 뒤집기는 했지만 기어 다니지 못하고 앉혀 두면 그대로 가만히 있기만 했습니다. 처음에 저희는 그저 발달이 더딘 것이라 가벼이 여겼습니다.

여전한 핍박 가운데 어느덧 시간이 흘러 예준이의 첫돌이 다가왔고, 현지 상황은 악화되어 한국 사역자는 모두 추방당하고 저희 가정만 홀로 남게 되었습니다.

"여러 계시를 받은 것이 지극히 크므로 너무 자만하지 않게 하시려고 내 육체에 가시 곧 사탄의 사자를 주셨으니 이는 나를 쳐서 너무 자만하지 않게 하려 하심이라 이것이 내게서 떠나가게 하기 위하여 내가 세 번 주께 간구하였더니 나에게 이르시기를 내 은혜가 네게 족하도다 이는 내 능력이 약한 데서 온전하여짐이라 하신지라 그러므로 도리어 크게 기뻐함으로 나의 여러 약한 것들에 대하여 자랑하리니 이는 그리스도의 능력이 내게 머물게 하려 함이라 그러므로 내가 그리스도를 위하여 약한 것들과 능욕과 궁핍과 박해와 곤고를 기뻐하노니 이는 내가 약한 그 때에 강함이라." 고린도후서 12:7-10

정부의 핍박과 감시 속에 더 이상 현지인을 만날 수 없던 저희는 점점 지쳐가기 시작했습니다. 그리고 고민 끝에 오래 전부터 생각해 온 GMTC(한국선교훈련원) 주관 안식년 선교사 6개월 합숙훈련에 들어가기로 결정했습니다. 선교지를 생각하면 마음이 아팠지만, 주님은 지금이 저희가 안식하고 공급받아야 할 때라고 말씀하셨습니다. 저희는 주님께서 안식 후 다시 돌아와 영혼들을 만날 수 있도록 길을 열어 주시길 간절히 바라며 안식년을 준비했습니다.

"주님, 몸은 떨어져 있지만 이들을 향한 하나님의 사랑을 잃어버리지 않고 그들을 위해 쉬지 않고 기도하겠습니다."

저희는 4년 반 동안의 현지 사역을 잠시 뒤로하고 지친 몸과 마음으로 고국 땅을 밟았습니다.

고통과 마주하다

오랜만에 가족들과 모여 예준이의 돌잔치를 조촐하게 했습니다. 그러나 정작 주인공인 예준이는 계속 힘없이 처져 있기만 했습니다. 출국 전, 에어컨 없는 차로 공항까지 가는 도중에 더위를 심하게 먹은 영향이 컸습니다. 반면, 한별이는 어릴 적에 잠시 만났던 할아버지할머니를 기억하고 즐거운 시간을 보냈습니다.

저희는 혹시나 하는 마음에 예준이의 발달 검사를 위해 Y 대학병원을 찾아갔습니다. 소아과 과장님은 예준이를 보자마자 머리가 상대적으로 커 보인다고 하며 MRI 검사를 권했고, 동시에 뇌신경 전문의도 연결시켜 주었습니다.

이후 검사 결과를 들으러 간 날, 저희 부부는 병원 로비에 주저앉아 목 놓아 울었습니다. 숨이 쉬어지지 않아 죽을 것만 같았습니다. "주님, 왜 우리입니까?"라는 울부짖음만 공허하게 울렸습니다. 예준이는 단순히 발달이 늦은 것이 아니었던 것입니다.

"더 검사를 해야 확실히 알겠지만 에너지 대사 질환인 미토콘드리아 근병증 같습니다. 치료가 불가능한 희귀난치성 질환으로 미토콘드리아 세포소기관 에너지 대사 기능에 문제가 있어 계속 퇴행하다가 결국 움직이지도 못하고 뇌사 상태로 있다가 단명하는 병입니다."

선교지에서의 위협과 가난, 외로움과 맞서며 다시 힘을 얻기 위해 계획한 첫 안식년이었습니다. 한국으로 돌아가면 아이들과 경험하고 싶은 것도 많고, 저희의 지친 영혼육도 쉼을 얻기를 바랐습니다. 그러나 그 안식년은 또 다른 위험과 가난, 그리고 거기에 소명에 대한 혼란까지 더해져 쓴물을 삼키듯 고통스럽게 시작되었습니다.

그럼에도 불구하고 합숙훈련을 소원하다

예준이의 정밀검사를 위해 중요한 입원을 앞두고 병원에 문제가 생겨 입원이 불가능한 상황이 발생해 발만 동동 구르며 기다리는 수밖에 없었습니다. 그때 저희의 안타까운 사정을 들은 교회 간사님이 온누리신문(온누리교회 신문) 1면에 예준이의 사연을 실어 주셨습니다. 저희는 그 기사를 통해 얼굴도 알지 못하는 많은 분들의 위로와 격려, 헌금을 통하여 다시금 용기를 낼 수 있었습니다.

6월 말, 주님의 인도하심을 따라 저희는 강남의 S병원으로 옮겼습니다. 그리고 그곳에서의 첫 일주일 동안, 예준이는 수많은 검사를 받았습니다. 작고 여린 아이의 몸을 바늘로 찌를 때마다, 아이 눈에서 눈물이 방울방울 떨어질 때마다 마음이 찢어지는 듯 아팠습니다. 하나님께서 다시 한 번 저희 가정에 기적을 보여 주시길 바랐지만 이미 예견했던 대로 예준이는 미토콘드리아 근병증인 '리씨증후군'을 진단받았습니다. 그 병은 희귀난치성 질환으로 약물로 퇴행 진행을 늦추는 것 외에 별다른 치료 방법이 없었습니다. 유전적 문제, 환경적 문제도 아닌 속된 표현으로 너무나도 운이 없어 걸린 병이라고 했습니다.

비록 예준이가 진단을 받았지만 저희 가정은 계획한 대로 안식년 선교사 합숙훈련에 들어가기로 결정했습니다. 당시 예준이는 약을 먹는 것 외에 별다른 주의가 필요하지 않았고, 그 훈련은 저희가 안식년을 계획한 이유 중 하나였기 때문입니다. 솔직히 이마저도 포기하면 겨우 버티고 있던 마음이 한순간에 무너질 것만 같았습니다. 너무나 갈급해 주님을 붙들고 싶었습니다. 그러나 처음에 주최 측에서는 예준이의 건강을 염려하여 입소를 허락하지 않았습니다. 이에 상심한 마음으로 지내던 어느 날, 동료 선교사가 다시 한 번 주최 측을 만나 대화를 해 보면 어떻겠냐고 제안하여 다시금 기도하며 그곳을 찾아갔습니다.

"저희 아이가 별다른 치료 방법이 없고 단순히 약물 치료만 하고 있기에 훈련받는데 지장이 없을 것입니다. 지금 저희는 선교지에서의 핍박 가운데 지치고 지쳐 겨우 버티고 있는 상황입니다. 영적으로 공급받을 길마저 끊긴다면 한순간에 무너질까 두렵습니다. 다시 한 번 고려해 주시길 간곡히 부탁드립니다."

이후로 한 가정이 훈련을 취소하는 상황이 벌어졌고 저희는 입소 열흘 전에 그 빈자리에 들어갈 수 있었습니다. 이 얼마나 놀라운 은혜인지요. 그러나 매일 집중해서 참석하는 것이 그리 쉽지만은 않았습니다. 훈련이 시작된 지 2주 만에 예준이가 열이 나 급히 응급실로 달려가야 했습니다. 그때 예준이는 일주일간 입원해 있으면서 콧줄도 달게 되었습니다. 먹는 것이 원활하지 못해 콧줄을 통해 먹여야 했기 때문입니다. 눈 앞에 펼쳐지는 상황은 두렵고 떨렸지만 그때마다 주의 말씀을 붙들고 훈련에 동참했습니다. 지금의 위기 가운데 우리를 주목하시고 기적을 베푸실 주님을 신뢰하며 하루하루 견디면서 나아갔습니다.

"여호와의 말씀이니라 너희를 향한 나의 생각을 내가 아나니 평안이요 재앙이 아니니라 너희에게 미래와 희망을 주는 것이니라." 예레미야 29:11

감당 못할 고난이 넘치다

저희 부부가 훈련을 받는 동안, 선교사 자녀들을 위한 어린이학교도 동시에 진행되었습니다. 한별이와 예준이는 각각 다른 반에서 교육을 받았는데, 한국에서의 첫 교육 경험이기에 의미가 있었습니다.

한별이는 여러 선교지에서 온 친구들, 즉 자신과 같은 초록 나라의 친구들과 어울려 매일 즐겁게 생활했습니다. 담당선생님은 아침마다 예준이를 돌보느라 정신없는 저를 대신하여 딸의 머리를 곱게 빗어 예쁘게 땋아 주시는 등 잘 챙겨 주셨습니다. 저희는 한국어를 배우고 여러 놀이 학습을 혼자 해내는 한별이를 볼 때면 대견하고 고마웠습니다. 그러나 그때도 한별이에게 간헐적 사시가 찾아왔고, 한 번 울음이 터지면 어느 누구도 달래기 쉽지 않았습니다. 물론 그렇게 울다가도 어느 새 웃음을 되찾으면 사랑스럽기 그지없었습니다.

훈련이 한창이던 늦가을, 한별이가 갑자기 경기를 일으켰습니다. 저희 부부는 너무 놀라 아이를 들쳐 업고 응급실로 달려갔습니다. 원인을 찾기 위해 수많은 검사를 했습니다. 심지어 뇌염, 뇌하수체 검사까지 받았습니다. 그러나 아무 원인도, 병명도 찾을 수 없었습니다. 마지막으로 의료진들은 동생 예준이의 병명을 듣고 한별이가 1년 전에 안과병원에서 받은 MRI 검사 CD 복사본을 보고 싶다고 했습니다. 그리고 그것을 확인한 후, 예준이가 확진을 위해 받았던 근조직 검사를 받아야 했습니다. 그 결과는 참담했습니다. 한별이도 같은 미토콘드리아 근병증이었습니다.

"그리스도의 고난이 우리에게 넘친 것 같이 우리의 위로도 그리스도로 말미암아 넘치는도다 우리가 환난 받는 것도 너희의 위로와 구원을 위함이요 혹 위로 받는 것도 너희의 위로를 위함이니 이 위로가 너희 속에 역사하여 우리가 받는 것 같은 고난을 너희도 견디게 하느니라 너희를 위한 우리의 소망이 견고함은 너희가 고난에 참예하는 자가 된 것 같이 위로에도 그러할 줄을 앎이라." 고린도후서 1:5-7

우리 힘으로 할 수 있는 것은 아무것도 없었습니다. 오직 주의 위로와 구원을 바라며 다시 훈련원으로 돌아가 눈물의 기도와 믿음으로 끝까지 훈련을 감당해냈습니다.

chapter 8

아이들의 신음소리에 무너지다

"형제들아 주의 이름으로 말한 선지자들을 고난과 오래 참
음의 본으로 삼으라 보라 인내하는 자를 우리가 복되다 하나
니 너희가 욥의 인내를 들었고 주께서 주신 결말을 보았거니
와 주는 가장 자비하시고 긍휼히 여기시는 이시니라." 야고보서
5:10-11

저희는 한별이가 이미 희귀병을 앓고 있었음에도 사시 증
상 외에 별다른 이상 없이 잘 자라주었기에 긍정적인 예후만
을 생각했습니다. 하나님께서 기적적으로 주신 아이이니 치

유해 주시리라 굳게 믿었습니다. 그래서 6개월간의 선교훈련만 잘 마치면 약을 타서 선교지로 돌아갈 수 있으리라 생각했습니다. 그러나 현실은 바라는 대로 흘러가지 않았습니다. 1년의 안식년이 끝나갈 무렵, 저희는 선교지가 아닌 예준이의 재활 치료를 결정하고 한국에 남기로 결정해야 했습니다. 저희의 믿음은 흔들리기 시작했습니다.

저희는 근무력 상태인 예준이를 위해 재활 치료를 결정하고 5월에 입원을 했습니다. 남편이 한별이를 데리고 면회 온 어느 날, 재활의학과 선생님이 딸을 유심히 바라보더니 이렇게 말했습니다.

"앉아 있는 자세를 보니 상태가 심각합니다. 하루 빨리 입원해서 재활 치료를 받아야 할 것 같습니다."

언제부턴가 한별이는 무릎을 꿇고 W자 자세로 앉았습니다. 안짱다리도 심해졌습니다. 그동안 저는 그것이 질병으로 인한 퇴행임을 인식하지 못하고 자세를 고쳐 주려고 얼마나 혼을 냈는지 모릅니다. 이 얼마나 무지한 엄마인지요. 그날 이후로 한별이까지 입원하여 온 가족이 병원에서 생활하게 되었습니다. 침대 두 대를 나란히 붙여 놓고 저는 예준이를, 남편은 한별이를 돌보았습니다.

재활 치료 시간이 되면 예준이는 모든 치료를 의젓하게 잘 받았지만 한별이는 달랐습니다. 내내 흐느껴 울기만 했습니다. 어린 딸이 고통을 호소하는 모습을 보면 다 그만두고 싶다가도, 예전처럼 걸을 수만 있다면 당장의 아픔은 견뎌야 한다고 마음을 추슬렀습니다. 이제는 더 강하게 마음먹고 더 독해져야 한다고 결심했습니다.

그러나 퇴원을 하고 난 후에야 깨달았습니다. 그 시간이 오히려 한별이에게 독이 되었다는 것을 말입니다. 몇 가지 증상을 제외하고는 정상인과 다르지 않았던 한별이는 확진을 받은 지 6개월 만에 극심한 스트레스로 인한 퇴행으로 혼자 일어나지도 못하게 되었습니다. 그리고 1년 만에 몸이 굳어져 누워서만 지내게 되었고, 끊임없이 경기를 하고 혀까지 굳어 음식을 먹지도 못하게 되었습니다. 다시는 "엄마"라고 부르는 그 사랑스러운 목소리도 들을 수 없게 되었습니다. 그렇게 한별이는 내일이 오는 것이 두려울 만큼 퇴행이 급속도로 진행되었습니다.

말을 잃어버린 뒤 한별이는 이 미숙하고 무지한 엄마를 향해 늘 방긋방긋 웃어 주었습니다. 고통 가운데서도 기적처럼 하루 종일 미소를 잃지 않았습니다. 때론 그 모습이 "엄마아빠, 이제 그만 자책하고 웃으세요"라고 말을 건네는 것만 같았습니다. 저는 하루 종일 아이를 품에 안고 돌보며 '이제 내가 진짜 한별이 엄마가 되었구나' 하고 느끼곤 했습니다.

주님, 단 한 마디라도 해 주세요

"오늘 있다가 내일 아궁이에 던져지는 들풀도 하나님이 이렇게 입히시거든 하물며 너희일까보냐 믿음이 작은 자들아 너희는 무엇을 먹을까 무엇을 마실까 하여 구하지 말며 근심하지도 말라." 누가복음 12:28-29

시간이 흐를수록 희망은 흐릿해져 갔습니다. 2008년 가을부터 한별이와 예준이는 기저귀를 차고 아기처럼 누워서만 지내기 시작했고 몸은 점점 뻣뻣하게 굳어져 갔습니다. 그래도 예준이는 혼자 2-3분간 앉아 있을 수 있었지만, 한별이는 혀, 턱, 몸의 많은 부분이 퇴행해 불가능했습니다. 더욱이 강직이 심해 밤새 아파 흐느끼다 새벽 5시쯤에야 지쳐 잠이 들었습니다. 강직과 경기로 인해 떠먹이고 소화시키는 데만도 몇 시간을 씨름해야 했습니다. 담당의사는 강직이 오면 몸의 근육이 사정없이 당겨지면서 상당히 고통스러울 것이라고 했습니다. 한별이의 입에서 신음소리가 터져 나올 때마다 가슴이 무너져

내렸습니다. 아이의 고통을 조금이라도 줄여 주고 싶었지만 이미 내성이 생겨 약도 큰 효과가 없었습니다. 예준이는 뇌세포가 많이 손상되어 어느 정도의 인지능력을 가지고 있는지도 알 수 없는 상태였습니다. 원인도 모르고 치료법도 없는 이 끔찍한 병은 두 아이에게 빠르게 진행되어 병원에서도 이런 사례가 처음이라며 당황해 했습니다. 젖살이 통통하게 쪄서 귀여웠던 아이들, 뛰어놀고 크게 웃고 애교를 부리던 아이들이 몇 개월 만에 이렇게 변해버리고 말았습니다.

현실적으로 아이의 치료비며 생활비를 감당하는 것도 벅찼습니다. 국가보조금을 받을 수 없는 신종 희귀난치성 질환이라 한 달에 한보따리씩 타야 하는 약값이며 재활치료비는 막막하기만 했습니다. 6개월 후면 선교지로 돌아갈 것이라 생각하고 챙겨온 살림살이는 옷가지 몇 개가 전부였습니다. 하루하루 주님의 은혜를 구하며 저희 믿음의 실체를 보았습니다. 그러나 지금 돌아보면 그때 저희에게는 부족한 것이 하나도 없었습니다. 선교단체에서 집과 차를 임대해 주는 등 하늘 아버지께서 필요한 모든 것을 채워 주셨기 때문입니다.

그럼에도 갓난아기처럼 퇴행해 버린 두 아이를 밤낮으로 돌보는 것은 참으로 버거운 일이었습니다. 아니, 신음하는 아이들을 바라보는 것만으로도 이미 충분히 괴롭고 힘든 일이었습니다. 저희는 아이들을 위해 버티고 버텼으나 믿음은 끝도 없는 바닥을 향해 곤두박질치고 있었습니다. 젊은 시절부터 선교사로 헌신하고 좁은 길을 걸어온 인생인데, 더욱이 하나님의 약속을 받고 태어난 아이들인데 하나님께서 왜 우리를 그냥 내버려두시는지, 왜 이리도 허무한 존재로 만드시는지 밤새 흐느끼곤 했습니다.

"주님의 뜻은 도대체 무엇인가요?"

묻고 또 물었지만, 주님은 아무 말도 해 주지 않으셨습니다. 아무것도 꿈꿀 수 없는 이 현실 가운데 주님이 정말 단 한 마디라도 해 주신다면, 이 고난을 조금이라도 이해할 수 있도록 조금만 가르쳐 주신다면, 숨을 쉴 수 있을 것 같았습니다.

우리 자녀들이 특별하기에

고통에 흐느끼는 한별이를 품에 안고 CGN TV로 특별새벽예배를 드리던 중에 한 간증을 들었습니다.

"저희 부부는 아이를 갖지 못해 10년 동안 기도를 드렸습니다. 그리고 마침내 하나님의 기적을 경험하고 아이를 낳았습니다. 그런데 아이는 정상이 아니었습니다. 저희 부부는 낙심했고, 하나님을 원망하기 시작했습니다. 그러던 어느 날, 제 마음속에 세밀한 하나님의 음성이 들려왔습니다.

'너무나 특별한 아이가 있어서 어떤 부모에게 보내야 할지 고민하다가 너희에게 보낸 거란다. 너희가 정말 잘 기를 수 있을 것을 알기에….'"

선교가 인생의 전부였던 저희의 삶, 바랄 수 없는 중에 기적으로 낳은 아이들, 그리고 두 아이의 희귀난치병… 마치 저희에게 들려주시는 이야기 같았습니다. 저는 마음이 뜨거워져 그 자리에 무릎을 꿇고 엎드려 꺽꺽 울며 기도를 드렸습니다.

"너희가 잘 감당할 수 있을 것을 알기에 이 특별한 두 아이를 너희에게 보냈단다."

주님의 이 따뜻한 음성은 저희 안에 아픔을 어루만져 무너진 마음을 서서히 일으켜 주었습니다.

다시 선교를 꿈꾸다

몸을 못 가누는 두 아이를 돌보며 육체적으로, 정신적으로 지쳐가기만 하던 2008년 가을, 제 안에 새로운 관점이 열리기 시작했습니다. 먼저는 한별이와 예준이를 향한 관점이 바뀌었습니다. 저희 자녀들이 얼마나 복된 아이인지, 하나님께 얼마나 사랑받고 축복받는 아이인지를 생각하면 가슴이 벅찼습니다. 두 번째로 저희 가정이 얼마나 큰 은혜를 누리고 있는지를 깨달았습니다. 고통만 바라보던 시선을 돌려 주위를 바라보니 저희는 혼자가 아니었습니다. 얼마나 많은 분들이 저희 가정의 아픔을 안아 주고 계시는지, 기도와 물질로 후원해 주시는지 그 은혜를 생각할 때마다 눈물이 났습니다. 마지막으로 저희는 선교지에 버려진 장애아들을 마음으로 품게 되었습니다. 그들을 위해 기도할 때마다 아버지의 마음이 부어져 감당할 수 없었습니다.

불교권인 우리나라도 장애아들을 감추어 키웠던 날들이 있었습니다. 대학 시절, 저는 밀알선교단에서 봉사를 했는데 캠프를 섬기러 가면 아이들이 태어나 처음으로 밖으로 나왔다고 말하곤 했습니다. 무슬림 국가들은 지금도 장애아를 낳으면 철저히 감추고 혹시라도 그 사실이 알려질까 봐 두려워합니다. 신의 심판을 받아 장애를 얻은 것이라고 믿기 때문입니다. 그래서 장애아들은 가족과 분리되어 키워지거나 버려지는 경우가 허다했습니다. 부모는 장애를 가진 자녀에 대하여 수치심을 느끼고, 치료를 위해 아무것도 하지 않았습니다.

요한복음 9장을 보면, 예수님은 "이 사람이 맹인으로 난 것이 누구의 죄로 인함이니이까 자기니이까 그의 부모니이까"(2절)라는 제자들의 질문에 이렇게 대답하십니다.

> "…이 사람이나 그 부모의 죄로 인한 것이 아니라 그에게서 하나님이 하시는 일을 나타내고자 하심이라." 요한복음 9:3

당시 사람들은 장애인을 '죄로 인해 저주받은 자'로 간주했습니다. 그러나 예수님의 말씀은 제자들에게 전혀 새로운 관점을 열어 주셨습니다. 이 말씀은 저희에게도 그러했습니다. 이제 저희는 어두워진 눈을 떠 새로운 비전을 바라보게 되었습니다. 하나님은 저희 자녀들의 질병을 통하여 사역 1기 때는 한 번도 생각하지 못한 U국의 버려진 장애아들을 품고 기도하게 하셨습니다. 장애로 인해 죄인 취급받고 버림받는 그들을 품게 하셨습니다.

상상 이상으로 선교지의 많은 아이들이 '저주 받은 자'라는 사회적 편견 속에 버려지고 있었습니다. 저희 아이들은 선교사 자녀라는 이유 하나만으로 이렇게 주목을 받고 사랑을 받는데 반해, 그들은 병원 한 번 가보지 못하고 복음에서마저 소외된 채 죽어가고 있었습니다.

"주님, 그 땅의 수많은 장애아들과 고아들을 돌보길 원합니다. 저희 아이들의 아픔이 복음과 축복의 통로로 쓰임 받기를 원합니다. 저희가 현지 아이들과 함께 살며 예수 공동체를 이뤄 하나님 나라를 이루길 소원합니다."

그렇게 저희는 선교사역 2기에 대한 그림을 조금씩 그리기 시작하였습니다.

고난의 열매를 보다

저희 부부는 안식년 선교사 훈련 산하 단체인 MK네스트 (GMF 소속 선교사 자녀 전문 사역단체)에서 선교사 자녀 부모교육 세미나가 열린다는 소식을 듣고 갈급한 마음에 참석을 했습니다. 당시는 MK들에 대한 관심이 적었던 때였으나 세미나 이후 큰 감동을 받은 몽골 선교사님의 사모님을 중심으로 자녀들을 위한 'MK기도모임'이 본격적으로 시작되었습니다. 아쉽게도 저희는 아이들 간병을 위해 한 달에 한 번 있는 기도모임에 참석하지 못하고 매주 아이들의 간절한 기도제목을 나누며 마음으로 함께 했습니다.

그렇게 6년의 시간이 흐른 뒤 한별이를 보내고 2013년 연말에 저희 부부는 이번 MK모임에는 꼭 참석해 달라는 연락을 받았습니다. 상황이 어려웠지만 감사하게도 활동보조인 분이 아이들을 봐주겠다고 해 주셔서 참석하게 되었습니다.

"한별이와 예준이의 절절한 기도 제목은 함께 하는 이들의 마음을 모아 간절한 기도의 자리로 이끄는 원동력이 되었습니다. 이 자리를 빌어 진심으로 선교사님 가정에 감사를 드립니다."

저희는 감사의 인사를 받으며 마음이 뭉클했습니다. 사실 저희에게는 말할 수 없는 헛헛함이 있었습니다. 오랜 세월 쉴 틈 없이 많은 사람들을 만나 섬겼고 복음을 전했습니다. 그렇게 열정적으로 열심을 내어 살아온 저희에게 방 한 칸에서의 반복되는 일상은 낯설고 두려운 것이었습니다. 때론 깊은 외로움에 빠질 때도 있었습니다. 그러나 주님은 그 방 한 칸에서 아무것도 스스로 할 수 없는 두 아이를 통해 일하고 계셨습니다. 저희의 고난은 그렇게 또 다른 열매를 맺고 있었습니다.

"주님, 저는 기도 외에는 답이 없는 저희 아이들이 정말 자랑스럽습니다!"

다시 한 번 부르심을 따라

두 자녀의 아픔이 온누리신문을 시작으로 기도서신과 함께 많은 곳에 전해지고 알려지기 시작했습니다. 부모가 평신도 선교사인데다 자녀가 모두 투병하는 경우가 흔치 않아 여러 방송국에서도 촬영 제의가 많이 들어왔습니다. 그들은 모두 방송이 나가면 저희가 재정적으로 큰 도움을 받을 수 있을 것이라고 설득했습니다. 물론 재정적 도움이 절실했지만, 저희 이야기가 공개되면 보안 지역인 U국에서 선교사로 낙인이 찍히거나 추방리스트에 올라 위험해질 수 있었기에 그리 오래 고민하지 않고 거절할 수 있었습니다.

그 무렵, 저희 가족은 본부(두란노해외선교회, TIM) 대표님의 배려로 이태원 숙소에서 서부이촌동에 있는 방 두 개짜리 아파트로 거처를 옮겼습니다. 그때 잠시나마 한별이는 어린이집을 다니기도 했습니다. 비록 누워만 있다 왔지만 스트레스 받지 않고 잘 적응해 주었습니다. 남편은 한별이의 등하원을 도우며 본부 사무실에서 파트타임으로 국내 사역을 감당했습니다. 그리고 저는 집에서 아이들을 돌보며 재활치료를 위해 병원을 열심히 오갔습니다. 저희의 요동하던 삶이 점차 보통의 일상으로 자리를 잡아가고, 2기 사역도 기도 가운데, 그리고 하나님의 축복 가운데 서서히 준비되어져 갔습니다.

저희가 품은 비전은 현지의 장애아들, 고아들과 함께 공동체를 이루어 복음 안에 함께 살아가는 것이었습니다. 그러나 공동체 사역을 하려면 많은 재정이 필요했습니다. 저희는 그 기회였던 방송 출연을 거절했지만, 하나님은 놀라운 방법으로 채워 주셨습니다. 저희의 비전을 듣고 감동한 교회들을 통해, 저희의 기도서신을 읽은 누군가를 통해 기대하지 않고 생각하지 못한 여러 통로로 모든 필요가 채워졌습니다.

저는 새 일을 행하실 하나님의 은혜를 기대하며 저희 가정의 터 위에 피어날 아름다운 생명들을 꿈꾸었습니다. 주님께서 저희 가정을 불쌍히 여기셔서 택하시고 선교지에 평안히 자리 잡게 하실 날을 더욱 사모하며 기다렸습니다.

뿐만 아니라 한별이를 만나는 분들마다 놀라운 변화가 일어나기 시작했습니다. 선교에 전혀 관심이 없던 놀이치료 선생님은 요르단으로 아웃리치를 다녀오셨습니다. 물리치료사 선생님은 선교지에 있는 장애인 재활원에 단기 선교사로 나가기로 작정하셨습니다. 그리고 작업치료사 선생님은 오랫동안 발길을 끊었던 교회에 다시 나가게 되셨습니다.

고난 가운데 신음하는 우리의 모습이 혹여 주님의 영광을 가리진 않을까 근심하였는데, 하나님은 그분의 이름을 위하여 일하셨고 그분의 이름에 합당한 영광을 받으셨습니다.

chapter 9

다시 일어나 선교지로 들어가다

"너는 내게 부르짖으라 내가 네게 응답하겠고 네가 알지 못하는 크고 은밀한 일을 네게 보이리라." 예레미야 33:3

2009년 2월 13일, 저희는 이 특별한 날의 하루를 생생하게 기억하고 있습니다. 그날 저희는 선교지인 U국에서 YN장애재활원을 운영하시는 원장 선교사님으로부터 애타게 기다리던 답장을 받았습니다. 앞서 그분의 이메일로 사역 협력에 대한 제안을 드린 터였습니다. 남편은 그분의 응답을 하나님이 주시는 최종 사인으로 알고 움직이겠다고 했기에 메일을 읽는 내내 얼마나 가슴이 두근거렸는지 모릅니다.

"네, 저희 재활원으로 오십시오. 함께 하면서 아이들 치료도 받고 장애아 사역에 대해 배우시면 좋을 것 같습니다."

그 확답에 이어서 또 다른 놀라운 응답을 받았습니다. 그날 남편은 메일을 확인하고 잠시 들른 사무실에서 뜻하지 않게 본부 신임 대표 목사님과 마주쳤습니다.

"요즘 아이들 건강은 어떤가요?"

가정의 근황으로 시작된 대화는 저희가 품고 있는 비전으로까지 이어졌습니다. 더욱이 남편은 오전에 하나님의 사인을 받았기에 선교지 U국의 고아와 장애아를 향한 비전을 대표님께 선명히 제시할 수 있었습니다. 그때까지 본부에서는 아이들의 건강을 염려하여 파송을 허락하지 않고 있는 상황이었습니다.

"선교사님, 이제 더는 선교지에 나가시는 것을 막을 수 없을 것 같습니다. 그곳으로 가십시오!"

하나님의 타이밍은 참으로 놀라웠습니다. 선교지에서의 응답뿐 아니라 본부에서의 파송까지 단 하루 만에 모든 것이 이뤄진 것입니다! 더욱이 저희가 사역할 재활원에는 재활의사와 소아과의사가 계셔서 염려했던 아이들의 지속적인 재활치료와 응급상황에 대한 대처도 가능했습니다.

생명보다 귀한 소명

"나의 달려갈 길과 주 예수께 받은 사명 곧 하나님의 은혜의 복음 증거하는 일을 마치려 함에는 나의 생명을 조금도 귀한 것으로 여기지 아니하노라." 사도행전 20:24

저희는 한별이의 다섯 돌(2009년) 생일을 기념하여 처음으로 사진관에 가서 가족사진을 찍었습니다. 몸을 가누지 못하는 아이들을 남편과 한 명씩 품에 안고 그 순간을 기록하는데 우리의 모든 시간이, 심지어 고통조차도 소중하게 느껴졌습니다. 저희는 찍은 사진들 중에서 한별이가 제일 예쁘게 나온 사진을 하나 골라 2기 사역을 위한 기도카드를 만들었습니다.

이제 선교지로 나갈 본격적인 준비가 시작되었습니다. 선교후원을 받을 교회에 서류를 제출하는 등 준비해야 할 일들이 많았고, 저희가 도저히 해결할 수 없는 일들도 참 많았습니다. 기독교 핍박 순위 10위 안에 드는 국가이기에 우선은 안전하게 비자가 나와야 했습니다. 무엇보다 가장 중요한 아이들의 약을 제시간에 문제없이 받아야 했습니다. EMS(국제특급우편)로 약을 받기로 했는데 검열이 심해 못 받는 경우가 다반사라고 들었습니다. 이렇듯 눈앞에 닥친 문제들을 하나하나 나열하면 끝이 없고, 이성적으로 생각하면 도저히 떠날 수 없었지만, 그럴 때마다 마음을 다잡고 주님께 저희 중심에 있는 진실한 고백을 드렸습니다.

"주님, 저희 생명보다 소명이 귀하기에 기쁨으로 순종하며 나아갑니다. 주님의 뜻이 그 민족 가운데 이루어지도록 생명을 다하겠습니다."

저희는 그 땅에 버림받고 소외된 장애아들과 고아들을 향한 하나님 나라 일에 동참하기까지 모진 시련과 고난을 겪어왔지만 산 소망이 있기에 그저 기쁘고 감사했습니다. 길가에 핀 들꽃에도 하나님을 찬양할 만큼 기쁨이 넘쳤습니다.

뜨거운 눈물의 기도 가운데

저희 가족은 출국 전에 온누리교회 무릎기도회(열방의 선교사와 선교지를 위해 기도하는 모임)에 초청받아 모인 분들에게 저희에게 주신 비전과 주님의 마음을 나누었습니다. 저는 몸을 못 가누는 두 아이를 한 켠에 누이고 남편의 메시지를 들었습니다. 다시금 선교지에 나가는 것을 실감하며 새로운 사역의 길을 열어 주신 주님께 감사드렸습니다. 남편에 이어 제 순서가 되었습니다. 저는 그동안 아픈 아이들을 간병하며 느꼈던 것들, 받은 은혜들을 간증하며 저희의 간절한 기도제목을 나누었습니다.

"혹시나 모를 아이들의 위급 상황과 죽음까지도 주님께 맡겨 드리고 선교지로 떠납니다. 저희와 같은 아픔을 가진 가정들과 아이들을 아버지의 마음으로 품고 잘 섬기겠습니다."

그때 그곳에 계신 분들이 하나둘 일어나 저희 가족을 향해 다가오셔서 손을 얹고 뜨겁게 기도해 주셨습니다. 눈에서 눈물이 하염없이 흘렀습니다. 그분들의 간절한 기도와 눈물이 마치 아픈 자식을 멀리 떠나보내는 어미의 심정 같이 느껴졌습니다. 눈물의 파송식이 된 현장, 저희 평생에 남을 순간이었습니다.

기적 가운데 그리운 땅을 밟다

2009년 5월 초, 저희는 출국을 앞두고 한국에서의 마지막
봄을 기억하기 위해 수목원으로 나들이를 갔습니다. 이제는 아
기가 된 한별이는 어느 때부터인가 동생 유모차 타는 것을 좋
아해 한별이는 동생 유모차를, 예준이는 누나의 분홍 휠체어를
타고 이제 막 푸릇푸릇 새싹이 돋아나기 시작하는 수목원 길
을 천천히 돌았습니다. 언제 다시 이곳을 함께 걸을 수 있을까
생각하니 마음이 울컥했습니다. 길을 걷다가 그림 같은 장소가
있어 한 아이씩 안고 사진을 찍었습니다. 남편과 함께 아이들
을 품에 안고 "하나 둘 셋" 가족사진도 남겼습니다. 그때는 한
별이와 함께 하는 한국에서의 마지막 추억이 되리라 전혀 상상
하지 못했습니다.

드디어 출국 날이 되었습니다. 아이들의 보조기구와 치료
의자, 전기밥통, 전기장판, 그릇 등 현지에서 구하기 어려운 물
건들을 싸다 보니 짐이 점점 불어났는데, 공항에 도착하여 무
게를 재니 100킬로그램이나 오버되어 100만 원을 더 내야 할

상황이었습니다.

"주님, 어떡해요? 제발 도와주세요!"

도저히 놓고 갈 수 없는 꼭 필요한 생필품들이었기에 마음속으로 주님의 이름을 수없이 외치며 도움을 구했습니다. 바로 그때였습니다.

"선교사님, 안녕하세요!"

고 하용조 목사님의 여동생 분이셨습니다. 목사님 내외가 중국 사역을 위해 출국하시던 중, 우연히 저희 가정을 보신 것입니다. 목사님은 저희의 사정을 들으신 후, 아시아나 항공사에서 근무하는 지인에게 연락하셔서 저희 상황에 대해 설명해 주셨습니다. 항공사측에서는 저희가 특수 상황임을 인정하고 모든 짐을 무료로 부칠 수 있도록 배려해 주었고, 아시아나 전담 장애인 도우미 제도도 연결해 주었습니다. 그래서 저희는 대기 없이 첫 손님으로 탑승 수속을 밟았을 뿐 아니라 기내에 탑승할 때까지 도움을 받았습니다. 이렇게 또 한 번의 기적을 경험하며 일곱 시간이 넘는 긴 비행을 무사히 마치고 현지 공항에 도착했습니다.

저희의 가장 큰 걱정이자 기도제목은 현지 공항에 도착해서 어떻게 아이들을 데리고 수많은 계단을 오르내리냐 하는 것이었습니다. 그러나 이것도 아무 문제가 되지 않았습니다. 장애인 도우미 제도가 현지 공항까지 이어져 모든 도움을 주었기 때문입니다. 늘 삼엄하기만 했던 입국 수속도 제일 첫 번째로 편하게 통과했습니다.

저희는 작은 신음에도 응답해 주시는 주님께 감사드리며 그토록 그리워하던 땅을 밟았습니다.

"여호와 그가 네 앞에서 가시며…." 신명기 31:8

재활원에서의 첫 만남

저희는 선교지에서의 첫 사역으로 T시 근교에 있는 YN재활원에 한별이, 예준이를 데리고 방문했습니다. 그곳에는 후원자분들이 보내준 많은 의료기구들이 있었고, 재활치료 선생님과 현지 마사지 선생님이 계셨습니다. 저희는 매주 재활원 사역 동역자들과 교제하며 예준이는 재활치료를 받았고, 몸이 많이 굳어진 한별이는 현지식 마사지 치료를 받았습니다.

그곳 아이들은 매주 재활원에 입소하여 교육을 받고 치료

스케줄에 맞춰 지내다가 주말에는 가족들에게 돌아가는 형식으로 주간 합숙소 생활을 하고 있었습니다. 크게는 두 부류의 아이들이 있었는데, 부모에게 버려진 아이들과 부모가 돌보기 버거워 보낸 아이들이었습니다.

그곳에 갑자기 나타난 한국인 장애아 한별이와 예준이는 한동안 관심의 대상이 되었습니다. 치료를 받고 있으면 창문 너머로 수줍게 쳐다보는 수많은 시선에 저희 아이들이 연예인이라도 된 것 같았습니다. 아마도 한국 드라마가 한창 인기 있었던 때이고 자신들과 같은 장애를 가진 외국인을 처음 봐서 그랬던 것 같습니다. 어떤 적극적인 아이들은 먼저 다가와 말을 걸기도 하고 만지기도 하면서 까르르르 웃음을 터트렸습니다. 특히, 예준이는 보조개가 쏙 들어가는 미소로 인기가 많았습니다.

추방당하는 동료들을 바라보며

2기 사역의 시작도 1기 사역의 마지막처럼 핍박 가운데 있었습니다. 현지 선교사들의 삶은 피폐함 그 자체였습니다. 정부의 핍박과 감시 속에 수시로 들려오는 동료들의 추방 소식은 눈물의 가정예배로 이어졌습니다.

　세상을 구원하기 위해 흘려야 할 피가 필요하다면
　죄인을 대신하기 위해 희생의 제물 필요하시다면
　내 생명 제단 위에 드리니 주 영광 위해 사용하소서

　생명이 또 다른 생명 낳고 주님 볼 수 있다면
　나의 삶과 죽음도 아낌없이 드리리
　죽어야 다시 사는 주의 말씀 믿으며
　한 알의 밀알 되어 썩어지리니
　예수님처럼 살아가게 하소서　밀알, 천관웅

　저희 부부는 두 자녀를 부둥켜안고 눈물과 콧물로 뒤범벅
되어 이 찬양을 부르며 울부짖었습니다. 이 땅의 황무함을, 이
땅의 피폐함을, 이 땅이 하나님을 인정하지 않음을 애통해 하
며 가슴을 쳤습니다. 한별이의 움직임이 사라져 버린 것처럼
지하교회의 작은 움직임마저도 사라지고 있었습니다.

　"주여, 주의 교회가 성장하지 못하고 이대로 사라진다면 이
　수많은 영혼들은 어떡합니까!"

가래가 들끓어 숨도 쉬기 어려워하는 한별이의 아픔을 바라보면서 숨소리도 내지 못하고 핍박당하는 교회의 고통이 느껴졌습니다. 고통스러워하는 한별이를 품에 안고 기도할 때마다 어느덧 그 기도는 이 땅을 향한 기도로 이어졌습니다.

아이들과 떨어져 홀로 한국에 오다

저희가 가진 재정으로는 공동체를 세우기 턱없이 부족했지만 장애아들과 함께 거할 공간을 사모하며 한 걸음 한 걸음씩 나아갔습니다. 특별히 남편은 의과대학 편입을 결정했습니다. 장애아들의 응급 상황과 재활에 대한 전문 지식을 갖추면 사역에 큰 도움이 되리라 여겨졌기 때문입니다. 편입을 하려면 비즈니스 대표부 비자에서 학생 비자로 전환하고 러시아어로 의학 공부를 해야 하는 등 난제가 있었지만, 주님께 모든 것을 아뢰며 차근차근 준비해갔습니다.

그런데 갑자기 여러 변수가 생기면서 남편의 입학이 미뤄지고, 저도 골반 옆에 혹이 잡혀 컨디션이 좋지 않았습니다. 현지에 들어온 지 세 달 만에 이해할 수 없는 고난이 또다시 저희를 찾아온 것입니다.

저는 인터내셔널병원을 찾아 진료를 받았지만 명확한 원인을 알 수 없어 현지 국립병원에서 일하는 한국인 의사를 수소문해 서너 곳에서 더 진료를 받았습니다. 그러나 열악한 의료 환경에서 정확히 진단받을 수 있는 것은 하나도 없었습니다. 다만, 의사들은 한목소리로 더 심각해지기 전에 빨리 한국에 가서 치료를 받으라고 했습니다. 저는 제 자리를 지키며 아이들 곁에 있고 싶었지만, 남편은 하루빨리 한국에 들어가 검사를 받도록 저를 설득했습니다.

결국 저는 마음을 바꾸어 한국으로 들어와 본부에서 마련해 준 선교사 숙소에 짐을 풀었습니다. 홀로 두 아이를 돌봐야 하는 남편을 생각하니 편히 잠이 오지 않았습니다. 아이들이 엄마의 빈자리를 느끼며 힘들어 하진 않을까 조바심도 나고 아이들이 아른거려 빨리 모든 것이 끝나고 돌아가기만을 바랐습니다. 날마다 이메일로, 전화로 남편에게 현지 상황을 물었습니다.

감사하게도 남편은 두 아이들과 함께 지역 전략회의도 잘 마치고, 동역자 가정의 도움을 받으며 잘 감당해 주고 있었습니다. 저는 홀로 숙소에서 지내며 혹여 근심에 빠질까 봐 가까운 분들에게 만나 달라고 열심히 부탁을 했습니다.

연약한 자를 붙들어 주시다

검사를 하고 수술을 하기까지 꽤 오랜 기다림이 필요했습니다. 한국에 온지 한 달 반이 넘어서야 조직검사 결과가 나왔습니다.

"신경섬유종입니다. 종양 위치가 신경을 지나가는 곳이라 수술이 쉽지 않고 후에 신경 마비가 올 수도 있습니다."

온전치 못한 왼쪽 다리에 이어 오른쪽 다리에까지 이상이 생길 수도 있다고 생각하니 겁이 났습니다. 아픈 모습이 덕이 안 될 것 같아 신앙 없는 가족들에게는 입국 사실도 알리지 못했는데, 막상 혼자 모든 것을 겪고 수술 후에 돌봐줄 사람 하나 없다고 생각하니 막막하기만 했습니다. 혼자 견딜 수 있다 하더라도 수술 직후에는 전혀 움직일 수 없으니 저는 남편과 고민 끝에 큰맘 먹고 간병인을 부르기로 결정했습니다.

저는 일곱 살 때부터 여러 큰 수술을 받아왔지만 수술 날이 가까워질수록 떨렸습니다. 이런 저를 가장 잘 아시는 주님께서는 수술 당일에 생각지도 못한 귀한 분들을 보내주셨습니다. 수술 날을 어찌 아셨는지 파송 단체 대표님에 이어 무릎기도모임 담당 집사님 부부가 저와 함께 해 주셨습니다. 수술실에 들어가고 몇 시간이 지난지도 모른 채 눈을 떠보니 회복실이었고, 다시 눈을 뜨니 1인실로 옮겨져 간병인의 보살핌을 받고 있었습니다. 1인실에서 지낸 열두 시간 동안, 저는 태어나 처음으로 호사를 누렸습니다.

"이제 좀 쉬어야 해요"라고 간병인이 말릴 정도로 정말 많은 분들이 병문안을 와주셨습니다. 저는 어디서 그런 힘이 났는지 오시는 분들마다 기쁘게 맞으며 사역지에서의 여러 일을 간증했습니다.

"선교사님, 가족들과 떨어져 혼자 수술 받는다고 하셔서 너무 걱정했는데 왜 이렇게 씩씩하세요~ 오히려 제가 위로와 도전을 받고 가요."

저는 그분들의 고백을 들으면서 이 연약한 모습마저도 은혜의 통로로 사용해 주시는 주님께 감사했습니다. 그때 많은 교회들과 후원자분들이 찾아오셔서 헌금을 전해 주고 가셨는데, 놀랍게도 그 금액은 현지 집을 매입하기 위해 필요했던 정확한 액수였습니다. 갑작스레 찾아온 고난으로 아이들과 힘들게 떨어져 한국에 왔는데, 오히려 이 시간들은 주님께서 예비해 주신 것들을 만나는 귀한 경험이 되었습니다.

"그의 백성을 인도하여 광야를 통과하게 하신 이에게 감사하라 그 인자하심이 영원함이로다." 시편 136:16

이후 담당의사는 경미한 증상은 있지만 걱정했던 마비가 오지 않아 다행이라면서 이제 현지로 들어가도 괜찮겠다고 했습니다. 저는 기쁜 마음으로 현지에 필요한 물품들과 식품들을 챙겨 70일 만에 선교지를 향해 출발했습니다. 그러나 남편과 두 아이와의 기쁨의 재회도 잠시, 그해 12월은 유난히 어둡고 암울했습니다.

한별이는 점점 자는 시간이 길어져 하루에 두세 시간도 깨어 있지 못하는 상황이었습니다. 여기에 더하여 기독교 핍박이 극심해져 재활원 사역자들이 하나둘 불려가 정부의 조사를 받기 시작했습니다. 이미 오래전부터 감시를 받고 있다는 것은 알고 있었지만 이렇게 직접적인 움직임은 처음이었습니다. 한 동역자 가정은 비자를 받지 못해 짐을 싸서 한국으로 돌아갔고, 재활원 원장님은 경찰들에 붙들려 바로 공항으로 연행되어 추방당했습니다. 얼마나 다급한 상황이었는지 한국에 입국했을 때 사람들이 노숙자로 오해할 정도로 초라한 모습이었다고 합니다. 재활원은 현지 정부로 넘어가 저희가 할 수 있는 일은 아무것도 없었습니다. 이 모든 일은 저희에게는 말할 수 없는 충격이자 아픔이었습니다.

chapter 10

선교지에서 딸의 호흡이 멈추다

"이는 내 생각이 너희의 생각과 다르며 내 길은 너희의 길과
다름이니라 여호와의 말씀이니라." 이사야 55:8

현지로 들어와 3개월마다 우편으로 약을 받아 먹이며 컨디
션을 유지한 지 어느덧 8개월이 지나고, 저희는 슬픔과 혼돈
가운데 2010년 새해를 맞이했습니다. 주위 상황이 위협적인
만큼 한별이의 컨디션도 매우 위태로웠습니다. 겨울 들어 한
별이는 힘없이 잠만 잤고 깨어 있는 시간에는 경련을 하거나
멍하니 시선을 한 곳에 두고 누워 있었습니다. 저는 그런 한별

이를 볼 때면 슬픔이 몰려와 흔들렸고 그럴 때마다 주님께 믿음을 달라고 부르짖었습니다.

한별이는 특수분유를 하루에 60cc도 먹기 힘들어 했습니다. 그러던 어느 날 갑자기 고열까지 찾아와 3일 내내 시름시름 앓더니 30cc도 겨우 먹었습니다. 안타까운 마음에 다시 천천히 분유를 떠먹여 보았지만 전혀 삼키지 못했습니다. 가래를 가라앉히는 약을 먹어야 하는데 아예 삼키지 못하니 호흡마저 힘들어지기 시작했습니다. 저희는 아이의 폐에 엉겨 붙은 가래를 떨어트리기 위해 밤새 품에 안고 등을 두드리며 그르렁그르렁 거리는 가래와 씨름했습니다.

1월 21일 도저히 잊히지 않는 그날, 저는 눈을 조금 붙이고 새벽 3시쯤 일어나 남편과 교대하고 한별이를 돌보았습니다. 그런데 갑자기 아이의 숨소리가 점점 거칠어지기 시작했습니다.

"끄어억~ 끄어억~"

어떻게든 가래를 가라앉히려고 애를 쓰며 다급히 남편을 깨웠습니다. 남편은 금방이라도 숨이 멎을 듯한 한별이를 안아 눕히고 인공호흡을 하기 시작했습니다.

'한별아, 한별아, 숨 쉬어! 제발 어서…'

남편이 땀에 흠뻑 젖어 응급 처치를 하는 중에 저는 한국에 계신 중보자분들에게 기도를 부탁드렸습니다. 그때 갑자기 한별이가 갈색 이물질을 토했습니다. 그러더니… 거친 숨소리가 고요해졌습니다. 숨을 쉬지 않았습니다….

"으아아아아악 으아아아아악 아악… 흐흐흐흑 흑흑…"

저는 호흡이 사라진 딸을 안고 한참동안 실성한 사람처럼 소리를 질렀습니다. 아니, 짐승처럼 울부짖었습니다. 남편은 겨우 마음을 추스르고 일어나 현지에 있는 한국 대사관에 연락을 했습니다.

새벽 4시가 안된 시간, 현지 관례에 따라 경찰이 찾아왔고 이어 대사관 영사가 도착했습니다.

"외국인이 갑작스럽게 사망하면, 현지 법에 따라 시신을 부검해야 합니다. 양해해 주십시오."

그러나 질병을 입증할 수 있는 증명서가 있으면 부검을 하지 않는다는 말에 남편은 즉시 한국 병원에 연락해 서류들을 팩스로 받았습니다. 감사하게도 한국이 업무시간이라 가능한 일이었습니다. 잠시 후 한별이의 소식을 전해 듣고 선배 선교사님 내외가 한걸음에 달려와 주었습니다.

"이곳에 있는 고려인 묘지에 장례하는 건 어떠세요?"

여전히 한별이를 부둥켜안고 흐느껴 울고 있던 저는 털썩 주저앉아 아무 말도 못하고 고개만 절레절레 흔들었습니다.

만약 현지에서 추방당하기라도 한다면 우리 한별이만 외로이 이 땅에 둘 수 없었습니다. 그것은 상상할 수도 없는 일이었습니다. 저는 아무 말 없이 있는 남편에게 화장을 하자고 먼저 말을 건넸습니다. 그러나 무슬림 국가에서는 화장을 할 수 없었기에 한별이를 한국에서 장례하기로 결정하고 본부에 연락을 드렸습니다.

헤아릴 수 없는 슬픔을 안고 돌아오다

남편은 출국 수속을 밟기 위해 함께 있던 경찰, 영사와 밖으로 나갔고, 저는 여전히 넋이 나간 채 딸을 붙들고 있었습니다. 그때 동역자들 중에 재활원 원장님이 추방당해 홀로 현지에 계시던 사모님이 찾아와 제 품에서 한별이를 데려가 바닥에 반듯이 눕히고 가래와 토한 이물질로 범벅이 된 딸의 차가워진 시신을 정성껏 닦아 주셨습니다. 옷장에서 깨끗한 새 옷을 꺼내 입히시고 머리도 예쁘게 양 갈래로 따주셨습니다. 곱게 단장한 한별이의 모습은 평안하기 그지없었습니다.

얼마 지나지 않아, 남편이 돌아와 현지 관계자와 함께 한별이를 데리고 공항으로 떠났습니다. 저는 동역자분들의 도움으로 마음을 추스르고 일어나 예준이의 물품을 중심으로 급히 짐을 싸 따라나섰습니다. 공항에 도착하니 한별이는 냉동되어 특수화물에 실려 있었습니다.

인천 공항에 도착해 신속히 입국 수속을 밟고 긴장된 발걸음으로 특수 화물로 들어온 한별이를 데리러 갔습니다. 그곳에는 이미 형님 두 분이 눈시울을 붉히며 저희를 기다리고 계셨습니다. 그때까지도 저는 친정어머니께 연락을 드리지 못하고 있었습니다. 한별이를 그토록 예뻐하셨는데 몸도 약하신 분이 얼마나 큰 충격을 받으실지 걱정이 되었습니다.

잠시 후, 한별이의 시신을 장례 장소로 옮길 차가 도착했습니다. 운전을 하고 오신 본부 간사님은 첫 인사를 이렇게 건네셨습니다.

"공항으로 오는 길에 무지개를 보았습니다."

딸을 잃은 깊은 슬픔 가운데 저는 그 말을 가슴 깊이 간직했습니다.

가장 아름다운 아픔을 전하다

한별이의 시신은 한남동에 있는 순천향병원에 안치되었습

니다. 저희는 한국에 들어가는 것 외에 아무 준비나 계획이 없었는데 본부에서 모든 것을 준비해 주시고 진행해 주셔서 진심으로 감사했습니다.

"선교사님, 5시에 위로예배를 드릴 예정이니 그전까지 조금이라도 쉬세요. 예준이도 돌보셔야 하는데 쓰러지실 것 같아요."

저희는 한별이와 인사를 나눈 후, 전에 머무르던 서부 이촌동 숙소에 짐을 풀었습니다. 남편도, 저도 몰골이 말이 아니었습니다. 이곳이 한국이라는 것이, 한별이가 저희 곁을 떠났다는 것이 여전히 믿겨지지 않았습니다.

오후 5시, 저희는 온누리교회에 도착해 위로예배를 드리는 장소로 들어갔습니다. 그곳은 아주 고요했습니다. 저희 부부와 같이 애써 참다 터져 나오는 울음소리가, 그리고 깊은 한숨, 흐느낌이 귓가를 울렸습니다. 한별이를 향한 같은 그리움, 같은 슬픔이 느껴졌습니다. 겨우겨우 마음을 추스르고 고개를 드니 예배당이 가득 메워져 있었습니다. 저는 바로 몇 시간 전 현지에서 기도 부탁을 드리며 다급히 적은 짧은 세 통의 문자 메시지를 보냈습니다.

"한별이가 새벽 내내 가래로 인해 숨쉬기가 어렵습니다."
"한별이가 하늘나라로 갔습니다."

"장례를 위해 한국으로 갑니다."

단 열여섯 분께 보낸 메시지였는데 어떻게들 아시고 찾아와주셨는지 참 감사했습니다.

"주님, 이 짧은 인생 동안, 한별이가 이토록 큰 사랑과 기도를 받고 자라게 해 주셔서 감사드립니다!"

저도 모르게 고백되어진 감사였습니다. 딸의 죽음 앞에서 여전히 주님의 이름을 부르는 제 자신을 보며 무언지 모를 안도감을 느꼈습니다.

한별이의 위로예배는 귀한 사역자님들의 메시지와 기도, 그리고 함께 해 주신 분들의 찬양으로 따뜻하게 채워졌습니다.

"여러분, 많이 슬프시지요? 많이 아프시지요? 예수 그리스도를 믿는 아이, 하나님 품에 있을 한별이를 떠나보내면서도 이렇게 슬퍼하는 우리인데, 예수 그리스도를 믿지 않고 죽어가는 영혼을 위해서는 우리가 얼마나 아파하며 눈물을 흘리고 있습니까? 우리에게 예수 그리스도를 알지 못하고 죽어가는 이들을 향한 아픔이 있기를 소망합니다.

억해 주십시오."

저희 부부는 위로예배 가운데 한별이를 그 땅의 밀알로 받아 주신 하늘 아버지께, 이제는 고통 없는 천국에서 안식하게 해 주신 주님께 감사드리며 눈물을 흘렸습니다.

예배 후, 모인 모든 분들이 한 명씩 나오셔서 저희에게 위로의 인사를 건네주셨습니다. 아무 말 없이 가만히 안아 주시는 그 수많은 품에 안겨 얼마나 울었는지 모릅니다. 그날 딸을 잃은 어미와 아비의 고통의 통곡 소리와 눈물은 오랫동안 멈추지 않았습니다. 이후에 저희는 그날을 함께 한 지인으로부터 이런 인사를 받았습니다.

"저는 위로예배를 드리며 제 삶의 아픔이 어디를 향해 있는지 생각했습니다. 부끄럽게도 그 아픔은 대부분 제 자신을 위한 것이었습니다. 이제 제 눈물이, 제 기쁨이 누군가를 위한 것이기를 간절히 기도합니다. 예수님을 알지 못하는 이들을 위해 오늘도 아파하는 하루가 되기를 소망합니다. 제게 가장 아름다운 아픔이 무엇인지 가르쳐 준 한별이에게 참 고맙습니다."

하나님,
이 시간 죽음 너머로 생명을 볼 수 있는 은혜를 주셔서 감사합니다
천국을 이야기할 수 있는 은혜를 주셔서 감사합니다
우리 눈에는 눈물이 흐르지만 그래도
하늘의 평안을 이야기할 수 있게 해 주셔서 감사합니다
위로예배 기도 중

마지막 인사를 전하다

다음 날, 저희는 성남 화장터로 향했습니다. 많은 선교사님들과 성도님들이 일상을 미루고 동행해 주셨습니다. 화장 전에 함께 모여 예배를 드린 후, 저희 가족은 언젠가 다시 만날날을 그리며 한별이에게 마지막 인사를 건넸습니다. 두 팔로감싸 안으면 품 안에 쏘옥 들어오던 딸이 이제는 한 줌의 재로변하여 품에 안겨 있었습니다.

"사랑하는 딸 한별아, 이제 하나님 품에서 편히 안겨 고통도, 장애도 없는 천국에서 편히 쉬렴. 하늘나라에서 이방 민족들을 향해 더욱 밝은 빛을 비춰 주렴."

강원도 문막 충효공원 내 온누리동산 장지로 가기까지 사흘 동안, 이름 없는 선교사의 어린 자녀 한별이는 한껏 사랑을받고 영광스럽게도 선교사 묘지 가장 안쪽 끝자리에 묻혔습니다. 2년 2개월의 투병생활, 5년 10개월의 짧은 삶이었지만 선교지에서 사랑과 웃음을 주는 축복의 통로로, 아픈 중에도 복음의 메신저로 쓰임 받았던 축복받은 주님의 딸이었습니다.

저희는 파송단체와 교회, 저희 가정을 귀히 여겨 주시는 분들의 도움으로 모든 장례 절차를 은혜 가운데, 하늘의 소망 가운데 잘 마쳤습니다. 지금도 섬겨 주셨던 한 분 한 분을 기억하며 진심으로 감사하고 있습니다.

한별이의 장례는 모든 절차가 예배로 드려져 모인 이들의 믿음을 굳게 세우는 특별한 장례였습니다. 저는 예배의 자리마다 믿지 않는 시댁과 친정 가족들이 하루빨리 주님 품으로 돌아오기를 간절히 기도했습니다.

chapter 11

비로소 고난을 끌어안다

저희는 선교지로 다시 나가면 한별이가 기적적으로 나을 줄 알았습니다. 치유에 대한 약속을 받았기에 담대히 갔던 것이었습니다. 그러나 어느 때부터인가 하나님의 계획은 우리의 계획과 확신, 우리의 소망과 달라지기 시작했습니다.

장례를 치르고 한 달 뒤, 몸과 마음을 추스르고 다시 선교지로 나갈 계획을 세우던 저희는 주일 예배 후에 만난 동기 선교사로부터 청천벽력과 같은 소식을 들었습니다.

"하용조 목사님께서 선교지로 나가지 말고 한국에 머무르라는 지시를 내리셨다고 해요."

저희는 충격과 혼돈 가운데 그 사실을 확인하기 위해 서둘러 선교 본부 사무실로 갔습니다.

"네, 맞습니다. 목사님께서 현지 사역을 잠시 중단하고 예준이가 한국에서 치료받도록 하셨습니다."

그때 저는 왜 목사님이 그렇게 말씀하셨는지 이해하지 못하고 그 자리에서 흥분된 목소리로 거의 한 시간 동안, 우리에게는 현지 사역을 향한 약속과 비전이 있다, 그러니 순종하여 현지로 들어가야 한다, 예준이는 한별이와 증상이 다르다고 주장했습니다. 그러나 저와 달리 침묵하고 있던 남편은 제게 조용히 다가와 다독이며 "우리 물 흐르는 대로 순종하자. 현지로 들어가 정리하고 나오자"라고 말했습니다.

그렇게 저희의 비전은 서서히, 그리고 철저히 꺾여 멀어져만 갔습니다.

한별이가 주고 간 선물

삶의 동력이었던 한별이를 잃고, 비전마저 잃은 저는 절망 가운데 그 땅을 다시 밟았습니다. 집안 곳곳에 남겨진 한별이의 흔적을 정리하며 주께 부르짖고 또 부르짖었습니다.

"주님, 제게는 한별이와의 추억이 담긴 이곳이 고향입니다. 제가 있어야 할 곳은 바로 이곳인데… 한국으로 돌아가야만 하는 이 현실이 너무 슬프고 서럽습니다."

그러나 아무리 울부짖어도 바뀌는 것은 없었습니다. 저희는 현지 분들에게 깨끗하고 좋은 물품은 다 나누어 드리고, 사계절 옷들과 몇 가지 물품들만 간소하게 챙겨 3주 만에 돌아왔습니다. 이제 한국에서의 낯선 나그네 인생이 시작된 것입니다. 감사하게도 예준이는 바로 장애전담 어린이집에 들어가게 되었고 재활치료도 정기적으로 받게 되었습니다. 남편은 온누리 25주년을 기념하는 선교대회 총괄을 맡아 국내 사역을 시작했습니다. 저희는 안양에 작은 월세집도 구하는 등 조금씩 자리를 잡아갔습니다.

2010년 봄부터는 주말이나 휴일이면 예준이를 데리고 식당에 가거나 나들이를 갔습니다. 비록 아이는 휠체어를 타야 했고 식당에서는 한켠에 누워 있어야 했지만, 저희는 여느 평범한 가정들처럼 다닐 수 있는 것만으로 감사했습니다. 컨디션이 좋지 않던 한별이와 함께 할 때는 한 번도 경험해 보지 못한 것들이었기에 저희 일상이 평범해지면 평범해질수록 딸이 한없이 그리웠습니다. 때론 이 평범한 일상이 저 천국에서 한별이가 주는 선물처럼 느껴져 눈시울이 뜨거워지곤 했습니다.

"찬송하리로다 그는 우리 주 예수 그리스도의 하나님이시요 자비의 아버지시요 모든 위로의 하나님이시며 우리의 모든 환난 중에서 우리를 위로하사 우리로 하여금 하나님께 받는 위로로써 모든 환난 중에 있는 자들을 능히 위로하게 하시는 이시로다." 고린도후서 1:3-4

왜 아무것도 하지 않으셨나요?

저는 예준이가 어린이집에 가 있는 동안도 편히 지내지 못했습니다. 홀로 있는 그 텅 빈 시간은 제 안에서 끊임없이 터져 나오는 똑같은 질문으로만 채워졌습니다.

"주님, 한별이를 치유해 주신다는 약속을 받고 현지에 들어간 거잖아요… 그런데 왜인가요? 저희가 무슨 잘못을 했나요? 주님을 위해서라면 수천 번도 순교할 수 있다고 고백한 저는 살려두시고 왜 기적을 베푸셔서 보내주신 한별이는 데려가셨나요? 왜 그때 가만히 계셨나요? 왜요… 왜…."

그러던 어느 늦가을, 그 끈질긴 질문은 멈추었습니다.

"사랑하는 딸아, 나도 내 아들이 십자가에 못 박힐 때, 가만히 있을 수밖에 없었단다…."

저는 주님의 응답과 위로에 눈물을 닦고 일어나 다시 선교지로 들어갈 마음을 품었습니다. 당시는 그것이 주님이 기뻐하시는 뜻인 줄만 알았습니다. 그러나 처음에는 남편이 반대했고, 서로 마음이 합해지면 예준이의 건강을 이유로 본부에서 허락하지 않았습니다. 그렇게 선교에 대한 뜻은 번번이 꺾였습니다.

하나님의 별이 되어 주님 품에 안기다

2012년 새해를 맞이하고 며칠 후, 선교위원회 모임을 마치고 돌아온 남편이 놀라운 소식을 전했습니다.
"우리 한별이가 온누리교회 MK로 순교자 명단에 올랐다고 해!"
'순교자', 저는 그것이 무엇을 의미하는지 잠잠히 묵상하며 주님 앞에 나아가 고백했습니다.

"주여, 그 척박한 땅에 밀알로 드려진 어린 생명을 기억하시고 그 땅을 고쳐 주세요. 제 열심과 상관없이 지금도 살아 계시고 일하시는 주께 모든 영광과 찬송을 올려드립니다."

2011년에는 존경하고 사랑하는 하용조 목사님이 소천하셔서 '꼬마 하목사'라고 불린 한별이와 같은 온누리동산에 안장되셨습니다. 저는 장례에 참석할 수 없어 예준이 곁에서 CGN 생방송으로 장례 일정을 함께 하고 한참이 지나서야 장지에 가서 예준이와 함께 목사님을 추모했습니다.

저희는 한별이 묘지 앞에서 이런 상상을 하며 이야기를 나누곤 했습니다.

"우리 한별이는 지금 하 목사님 곁에서 신나게 뛰어 놀고 있겠지?"

"얼마나 행복할까~ 그렇게 생각하니까 참 좋다!"

한별이 묘비에는 이러한 글귀가 적혀 있습니다.

"2010년 1월 21일 새벽, 하나님의 별이 되어 U국 현지에서 주님 품에 안기다."

한별이는 그 이름처럼 하나님의 별이 되어, 한 알의 밀알

되어 이방에 빛을 비추었습니다. 저는 한별이의 묘지를 찾아갈 때마다 딸과의 추억이 고스란히 남아 있는 선교지가 사무치게 그리웠습니다. 딸이 밀알로 심기어진 그 땅에 저도 심기어지길 간절히 소원했습니다.

저희는 사랑하는 딸의 묘지 앞에 설 때마다 어떤 일이 있어도 부르심을 따라 좁은 길을 걸어가리라 결단했습니다. 언젠가 이 믿음의 경주를 완주하고 주님 앞에서 "잘하였도다 착하고 충성된 종아!"라는 칭찬받을 날을 소망했습니다. 그날이 오면 천국에서 한별이와 함께 이야기꽃을 피우고 싶습니다.

"주님, 이제는 한별이를 잃은 아픔을 넘어서서 아픔을 가진 영혼을 치유하는 복음의 통로로 일어설 수 있도록 힘을 주세요. 더욱 하나님의 마음에 합한 자로, 주님 한 분만으로 온전히 채움 받고 주님께서 일하실 수 있는 가정이 되기를 소망합니다."

예준이마저 데려가신다면

2010년 한국으로 들어올 당시만 해도 예준이의 컨디션이 그리 나쁘지 않았습니다. 근무력 증상만 있을 뿐 재활치료만 잘 받으면 충분히 현지로 다시 돌아갈 수 있었습니다. 그러나 저희의 기대와 달리 2010년 11월, 예준이는 식도 역류를 시작으로 강직이 심해지더니 경기를 시작했는데 그 진행 과정이 한별이가 겪은 그대로였습니다.

처음에는 근조직 기능의 퇴행으로 잘 먹지 못했습니다. 씹지 못해 죽을 먹였고 나중에는 죽도 먹지 못해 미음을 먹였지만 그마저도 힘겨워했습니다. 기저핵 위축 병변이 진행되어 점점 움직임이 사라졌고 변을 보지 못해 관장도 해야 했습니다. 급기야 경기가 심해져 '레녹스 가스토 증후군'이라는 악질 경기 질환도 추가로 진단받고 먹어야 할 약도 늘어났습니다. 그러나 만성적 구토로 인해 약을 다 토해냈습니다. 그렇게 매일 악질 경기와 강직, 구토, 변비, 가래의 악순환이 반복되었습니다.

2013년 4월 29일, 예준이에게 응급 상황이 발생했습니다. 자꾸 힘이 없고 장염 증상이 계속 나타났습니다. 주치의가 약물 연구로 한 해 동안 자리를 비운 상황이라 어쩔 수 없이 신촌 S병원으로 옮겨 치료를 시작했습니다. 예준이의 병명은 흡인성 급성 폐렴이었습니다. 중환자실에서의 긴급했던 2주 동안, 아이의 호흡은 점점 약해졌고, 병원에서는 기관 절개 외에 다른 방법은 없다고 했습니다. 이 병의 한계를 너무도 잘 아는 저는 차라리 더 이상의 고통 없이 주님께 보내드리고 싶었습니다. 애타는 마음으로 주위에 기도를 부탁하고 기다렸지만 아이의 자가호흡은 돌아오지 않고 시간만 흘렀습니다. 한 달 후, 저희 부부는 원래 다니던 병원에 호흡재활 명의가 있다는 소식을 듣고 다시 그곳으로 갔습니다. 그러나 그분의 진단도 다르지 않았습니다.

"기관 절개를 하고 인공호흡기 적응이 마치면 집으로 돌아가 호흡기를 세팅해 생활하십시오."

결국 저희는 기관 절개 수술 동의서에 서명을 하고 집안에 여러 의료장비를 들여 놓고 아들을 맞을 준비를 했습니다. 그 다음 해에는 예준이가 패혈증(곪아서 고름이 생긴 상처나 종기 따위에서 병원균이나 독소가 계속 혈관으로 들어가 순환하여 심한 중독 증상이나 급성 염증을 일으키는 병)으로 또다시 중환자실에 입원했고, 아이는 병원에서 이제 마음에 준비를 하라고 할 만큼 심각한 상태였습니다. 그때 예준이의 증상이 한별이를 보낼 때와 너무나 비슷해 그 기억과 현실 사이에서 갑절의 참혹함을 느껴야 했습니다. 감사히 예준이는 고비를 잘 넘기고 20일 만에 퇴원을 했습니다.

밤새 아이의 가래를 뽑으며 간병한지 3년 후부터는 저희 몸과 마음도 많이 지쳐 있었습니다. "저희를 선교지로 보내주소서"라는 기도는 오랜 세월 아들의 고통을 눈물로 대하며 이렇게 바뀌었습니다.

"주님, 예준이마저 잃으면 이젠 제가 살 수 없을 것 같아요."

고통 속에 발버둥치다

2년 2개월을 투병하고 주님 품에 안긴 누나와 다르게, 여섯 돌을 못 넘긴다던 예준이는 벌써 십대가 되었습니다. 물론 조금이라도 나아지거나 회복된 부분은 전혀 없습니다. 2015년 이후로는 척추 측만이 심해졌고 골반도 탈골되었습니다. 안구 건조도 심해 각막궤양을 심각하게 앓고 있습니다. 그럼에도 6개월마다 입원하여 검사 수치들을 확인할 때면 예준이가 이렇게 살아 있는 것만으로도 기적임을 고백할 수밖에 없었고, 고통 가운데서도 미소를 잃지 않는 아들을 볼 때마다 주님께 감사할 수밖에 없었습니다.

남편은 선교지에서 들어온 이후로 줄곧 한국 본부에서 일했습니다. 혹여 "아픈 아들 때문에 혜택을 받는다"는 말을 들을까 봐 더 열심히 일했습니다. 남편은 파송 단체 지원관리팀장을 시작으로 선교단체 20주년 행사를 담당했고 전략 케어

팀장으로 섬겼습니다. 그리고 이어 현장으로 나가 CPM(Church Planting Movement, 교회개척배가운동)을 총괄 진행하면서 교회개척운동을 도전하고 시스템화하여 정착시켰습니다. 저는 집에 돌아와서도 쉬지 않고 예준이를 돌보는 남편을 바라보며 쉼이 필요하다는 생각이 들었습니다. 저 역시 한국에서 예준이를 간병한 지 6년째 되면서부터 허리와 무릎 통증으로 쉼이 절실했습니다. 실은 육체적인 고통보다는 계속 이렇게 지내다가는 정신이 이상해질 것만 같았습니다.

"차라리 한별이 곁으로 가고 싶다…!"

이렇게 말하는 제 자신을 발견하며 흠칫흠칫 놀라곤 했습니다. 당시 하나둘 선교지에서 안식하러 들어온 동기 선교사들과 한 건물에서 같이 지내는 것도 쉽지 않았습니다. 아마도 선교사로서 그들과 나의 처지를 비교하며 제 마음이 흔들렸던 것 같습니다.

저는 안식을 두고 기도하며 남편에게 조심스레 이야기를 꺼냈습니다.

"우리 1년간 안식년을 가지면 어떨까?"

당장은 남편이 감당해야 할 일들이 있었기에 저희는 그 다음 해 본부로부터 1년의 안식을 허락받았습니다. 그러나 간병을 돕는 활동보조인이 그만두는 일이 반복되면서 안식년은

'안쉴년'이 되고 말았습니다. 저희는 끝이 보이지 않는 어두운 터널 가운데 서로를 다독이며 이렇게 말하곤 했습니다.

"우리가 잘 가고 있으니까 고난이 끊이지 않는 걸 거야. 언젠간 이 시간들을 통해 하나님의 기이한 비밀과 경륜들을 깨닫게 되지 않을까? 주님의 형상대로 더욱 빚어지지 않을까? 그 날이 반드시 올 거야."

때론 이렇게 고백하며 감격하기도 했습니다.

"자식을 먼저 떠나보내고 남은 자식마저 병상에 있는 상황에서 이렇게 감사하며 살아가는 것만으로도 우리는 기적을 경험하며 사는 게 아닐까!"

이 고난이 고통스럽고 때론 벗어나고 싶어 발버둥쳤지만, 그럼에도 저희 삶은 그 옛날 요셉에 대한 성경의 기록처럼 언제나 주님이 함께 하심으로 형통했습니다.

"…여호와께서 요셉과 함께 하심이라 여호와께서 그를 범사에 형통하게 하셨더라." 창세기 39:23

안식년의 마지막 달을 보낼 때, 남편은 본부로부터 '온누리교회 2000 선교본부 재능기부 선교사역' 콜링을 받았습니다. 저희는 그 부르심에 감사하며 앞으로도 잠잠히 주를 바라며 순종해 나가리라 다짐했습니다.

모든 사역의 흔적을 지우다

저희가 선교지에서 살던 집은 계속해서 다른 사역자들을 위한 안식처가 되었습니다. 언젠가 그곳으로 돌아가지 않을까 하는 마음에 쉽게 처분하지 못한 것도 있었습니다. 그러나 사역자들과 동역자들이 하나둘 추방되면서 어느새 그곳은 아무도 살지 않는 빈 집이 되었고, 2017년부터는 집이 너무 낡아서 수리를 해야 한다는 연락도 계속 왔습니다. 이제는 정말 집을 정리해야 할 때가 온 것입니다.

그런데 저는 집을 정리해야 한다는 생각을 하는 것만으로도 고통스럽고 큰 상실감이 느껴졌습니다. 그러지 않으려고 애써보았지만 이내 불안해하며 스스로를 괴롭혔습니다.

"주님, 저는 왜 이렇게 그 집에 집착하는 걸까요? 무엇 때문에 내려놓지 못하고 불안해하는 걸까요? 두려워하는 마음이 아닌 주님의 주시는 마음을 품길 원합니다. 주여, 나를 불쌍히 여기소서."

그때 저는 깨달았습니다. 희생하며 일군 현지 사역에 대한 가치가 제 안에 우상으로 깊이 자리 잡고 있었음을 말입니다. 저는 주 앞에 나아가 제 안의 우상들을 하나하나 깨뜨리며 육의 열심을 내려놓고 삶을 통해 하나님을 예배하는 것이 무엇인지 하나하나 배워나가기 시작했습니다. 제가 얼마나 큰 죄인인지, 얼마나 내 힘을 의지하는 자인지 뼈저리게 느끼며 다시 주의 십자가를 붙들었습니다.

8월 말, 드디어 집을 처분하기로 결정하고 남편 홀로 현지로 들어갔습니다. 기독교에 대한 감시와 핍박이 여전했기에 아주 은밀히 사역의 흔적들을 태워 없애야 했습니다. 저는 남편이 안전히 돌아올 때까지 긴장을 늦출 수 없었습니다.

남편은 모든 일을 잘 처리하고 결혼앨범과 저희 가족의 추억이 담긴 사진첩 몇 개만 들고 안전히 돌아왔습니다. 그 중에는 한별이 탯줄과 출국 전에 딸이 어린이집에서 친구들과 찍은 사진, 코팅된 편지가 있었습니다. 차마 버리지 못하고 가져온 딸의 마지막 흔적이었습니다. 딸 바보였던 남편이 그것을 보고 얼마나 마음이 아팠을까 생각하니 눈물이 왈칵 쏟아졌습니다.

다음은 그 이야기를 전해들은 후배 선교사가 남편 이생명 선교사에게 보낸 글입니다.

생명 탯줄

생명이라 불리는 선교사가
떠나온 지 7년 만에 자기 나라, 자기 집을 찾았네
그가 태어난 나라는 아니지만
주님이 한평생 품으라고 주신 땅이었네

생명이라는 이름과는 달리
그의 딸의 생명은 주님이 하늘로 급히 옮기셨네
그곳에서 떠올린 그 날의 불안했던 장면들이
그의 마음을 요란하게 하네

그곳에 고이 보관되어 있던 아이의 생명 탯줄,
'그 탯줄을 가져오면 무엇 하랴'
'그저 슬픔과 불신앙만 더하게 하지 않으랴'
그러나 그는 모든 생각을 닦아내고 가져왔네

누가 하나님이 선하다고 그 앞에서 암송하듯 이야기할 수 있으랴
잠잠히 그의 마음속에서 고백되기 전까지…
지금도 계속되는 끝을 알 수 없는 고난의 갱도 속 작은 예수,
오늘도 묵묵히 언덕을 오르네 김명훈 선교사

고난의 세월을 끌어안고 주 품에 안기다

한별이를 먼저 보내고 예준이를 간병하면서도 선교지로 돌아가기만을 붙들고 기도해 온 저희는 이제 사역이라는 우상과 열심을 버리고 주님의 말씀 가운데 평안과 기쁨을 누리게 되었습니다. 그렇게 하루하루 주님을 즐거워하며 나아갈 때에 평신도 사역자로서 한 번도 생각해 보지 못한 신학에 대한 마음이 부어졌습니다. 저희는 신학을 통해 어떻게 쓰임 받을지, 어떤 길이 예비 되어 있을지 알 수 없었지만 믿음으로 순종했습니다. 이후 남편은 신학대학원 입학을 성실히 준비해 NGO 사역자 특별전형으로 합격했습니다. 사실 남편은 그런 특별전형이 있는 줄도 모르고 일반전형 입시를 준비하고 있었습니다. 그런데 나중에 알고 보니 신학을 하기로 결심했던 2년 전에 NGO 사역자 특별전형이 새로 생긴 것이었습니다. 할렐루야! 뿐만 아니라 주님은 남편이 학업과 사역을 병행할 수 있도록 인도해 주셨습니다.

저는 남편의 학업과 사역으로 인해 홀로 예준이를 돌봐야하는 시간이 더 많아지긴 했지만, 한별이 10주기 즈음 책 발간에 대한 사모함을 주셔서 시간을 쪼개고 쪼개 원고를 작성하기 시작했습니다. 그러나 예준이의 컨디션이 계속 좋지 않아

극도의 피로감에 마음까지 지쳐 손을 놓는 날이 더 많았습니다. 그렇게 지쳐 지내던 어느 날, 저는 여느 때처럼 말씀을 묵상하고 있었습니다. 정확히 2019년 12월 7일로 다음 달이면 한별이가 주님의 품으로 간 지 10년째 되는 날이었습니다.

"보아라 하나님의 장막이 사람들과 함께 있으니 그분께서 그들과 거하실 것이다. 그들은 그분의 백성이 되고 하나님께서 친히 그들과 함께 계실 것이다. 그들의 눈에서 모든 눈물을 닦아 주실 것이며 더 이상 죽음이 없고 다시는 슬픔이나 우는 것이나 아픈 일이 없을 것이다. 이는 처음 것들이 지나갔기 때문이다." 요한계시록 21:3-4. 우리말성경

묵상노트에 요한계시록 말씀을 써 내려가는데 눈이 열리고 마음이 뜨거워지기 시작했습니다. 새롭게 해석되는 말씀에 기뻐 눈물을 흘렸고, 가슴을 치며 회개했습니다.

사역 2기를 앞두고 선교지로 나가기 전, 저희는 대언 사역을 질서 있고 건강하게 하는 교회 집회에 참여하여 "한별이가 3년 안에 치유되리라"는 대언을 받았습니다. 이에 대하여 다시금 주께 나아가 물으며 치유에 대한 믿음을 가졌고, 그랬기에 아픈 한별이를 데리고 담대히 그 땅을 밟을 수 있었습니다.

육신의 눈으로만 바라본 자녀의 아픔은 기적적인 치유만을 원하며 기다렸고, 그것을 위해서만 간절히 기도했습니다. 만약 한별이가 치유되지 못한다면, 또한 선교지에서 사역을 하지 못한다면, 나는 아무것도 아니고 주님 앞에 부끄러운 인생이라고 생각했습니다. 그렇게 믿어 온 제게 딸의 죽음은 상실의 고통 가운데로 저를 깊이 몰아넣었습니다. 하나님의 뜻을 알 수도, 이해할 수도 없어 얼마나 많은 나날을 혼란스러워하며 괴로워했는지 모릅니다.

그러나 묵상한 말씀은 그것이 아니라고 제게 분명히 가르쳐 주었습니다. 주님은 저희에게 주신 약속을 지키셨다고 분명히 말씀해 주셨습니다. 지금까지 왜곡된 신앙에 갇혀 스스로를 괴롭히는 제 자신을 바로 볼 수 있도록 눈을 열어 주셨습니다.

"딸아, 눈에 보이는 치유만이 온전한 회복이 아니란다. 온전한 회복은 오직 내게 있단다."

주님의 따스한 음성 가운데, 육의 죽음 앞에서 절망하고 응답받지 못한 약속으로 인해 눈물짓던 날들은 그렇게 끝이 났습니다.

"눈물과 아픔 없는 영원한 곳으로 한별이를 옮기셔서 '하늘 나라에서의 완치'라는 응답으로 약속을 성취해 주신 주님을 찬양하며 예배합니다."

하나님은 "한별이가 3년 안에 치유되리라"고 하신 약속을 완전하게 이뤄 주셨습니다. 그 약속을 받은 날부터 한별이가 순교자로 이름을 올린 때까지의 기간을 세어 보니 딱 3년이었 습니다. 저희의 믿음은 자주 흔들리고 믿음의 결단 또한 변덕 스러웠지만 우리 주 하나님은 참으로 신실하셨습니다.

저희는 한별이가 완전한 치유를 받은 10년째 되던 날, 딸의 무덤 앞에 서서 눈물과 아픔 없는 영원한 곳에서 딸을 온전히 회복시켜 주신 주님께 한없는 감사와 찬양을 올려드렸습니다.

"이루었도다. 나는 알파와 오메가요 처음과 마지막이라. 내 가 생명수 샘물을 목마른 자에게 값없이 줄 것이다!"

영원히 아픔 없는 천국으로

고난은

하나님의 또 다른 사랑이었습니다

하나님과 동행하는 완전한 길이었습니다

언약이 이뤄지는 거룩한 과정이었습니다

천국을 사모하는 자에게 주어지는

또 다른 이름이었습니다

이한별 선교사

2004.03.09 - 2010.01.21
파송 2003.02.11
소속 TIM MK
희귀난치질환 사립체질환으로 투병 중
U국에서 소천 (향년 6세)

내가 진실로 진실로
너희에게 이르노니
한 알의 밀이 땅에 떨어져
죽지 아니하면
한 알 그대로 있고
죽으면 많은 열매를 맺느니라

요한복음 12:24

온누리교회 액츠29홀에 전시된
순교자 명패에 적힌 글 중

part

3

For just as the sufferings of Christ

flow over into our lives,

so also through Christ our comfort overflows.

고난,
나를 따스하게 안아주다

고난이 매몰차게 몰고 간 자리마다 예수의 흔적이 남겨졌습니다
오늘도 저는 숨마저 스스로 쉴 수 없는 아들 곁에서 고백합니다
"예수님처럼 살고 싶다는 평생의 소원은 고난 가운데 이뤄지고 있습니다!"
고통 없는 삶을 구하지 마십시오 조금만 더 견디십시오
고난이 우리를 안아 주께 더 가까이 나아가고 있기 때문입니다

"그리스도의 고난이 우리에게 넘친 것 같이
우리가 받는 위로도 그리스도로 말미암아 넘치는도다." 고린도후서 1:5

chapter 12

고통 없는 삶보다 주님과 함께 하는 삶을 구하다

우리가 고난의 사람으로 자주 거론하는 성경인물들 가운데 '요셉'이 있습니다. 다음은 그의 이야기입니다.

야곱은 외삼촌 라반의 집에서 수년간 일한 대가로 라헬과 결혼했으나 그들 사이에는 오래도록 자녀가 없었습니다. 하나님은 라헬을 생각하셔서 그녀의 태를 열어 주셨고, 그때 태어난 아들이 바로 요셉입니다. 어쩌면 야곱이 요셉을 사랑하고 편애한 것은 당연한 일이었는지도 모르겠습니다.

요셉은 아버지의 편애로 양치는 형들과 구별되어 채색 옷을 입었습니다. 사랑을 많이 받고 자라서 그런지 성격도 참 솔직한 듯 보입니다. 성경은 요셉이 형들의 잘못을 보면 그것을 아버지에게 전했다고 기록하고 있습니다. 그래서 형제들의 시기와 미움을 받았습니다.

창세기 37장의 이야기입니다. 요셉은 평소 성격대로 자신의 꿈 이야기를 부모와 형제들 앞에서 했고, 그로 인해 형제들의 미움을 더욱 샀습니다. 그 꿈의 이야기는 이러합니다.

"우리가 밭에서 곡식 단을 묶더니 내 단은 일어서고 당신들의 단은 내 단을 둘러서서 절하더이다." 7절

이에 형들은 "네가 참으로 우리의 왕이 되겠느냐 참으로 우리를 다스리게 되겠느냐"라고 말하며 화를 냈습니다. 그러나 요셉은 아랑곳하지 않고 이후에도 자신의 꿈 이야기를 했습니다.

"요셉이 다시 꿈을 꾸고 그의 형들에게 말하여 이르되 내가 또 꿈을 꾼즉 해와 달과 열한 별이 내게 절하더이다 하니라 그가 그의 꿈을 아버지와 형들에게 말하매 아버지가 그를 꾸짖고 그에게 이르되 네가 꾼 꿈이 무엇이냐 나와 네 어머니와 네 형들이 참으로 가서 땅에 엎드려 네게 절하겠느냐." 9-10절

이번에 요셉은 아버지 야곱에게까지 꾸중을 들었습니다. 그러나 성경은 그 순간을 "그의 형들은 시기하되 그의 아버지는 그 말을 간직해 두었더라"고 기록하고 있습니다.

어느 날, 야곱은 요셉에게 양떼가 잘 있는지 보고 오라 하면서 그를 지방에서 양을 치고 있는 형들에게 보냈습니다. 형들은 멀리서 채색 옷을 입고 오는 요셉을 보며 그를 죽이기로 모의했습니다. 그를 잡아 옷을 벗기고 구덩이에 처넣었습니다. 그 다음에는 형 유다의 제안으로 마침 그곳을 지나던 미디안 상인들에게 은 이십 개를 받고 노예로 팔았습니다. 형들에 의해 애굽으로 팔려간 요셉, 그때부터 고난의 여정이 시작되었습니다.

요셉이 미디안 상인들에 의해 팔려 간 곳은 바로의 신하 친위대장 보디발의 집이었습니다. 성경은 보디발이 요셉을 어떻게 보았는지 다음과 같이 기록하고 있습니다.

"그의 주인이 여호와께서 그와 함께 하심을 보며 또 여호와께서 그의 범사에 형통하게 하심을 보았더라." 창세기 39:3

요셉은 주인의 총애를 받아 그 집의 가정 총무가 되어 모든 살림을 관리했습니다. 그런데 보디발의 아내가 요셉을 유혹했고 그가 자신의 유혹을 뿌리치고 도망가자, 마치 그가 먼저 유혹한 것처럼 꾸며 결국 요셉은 옥에 갇히고 말았습니다. 그러나 요셉은 옥에서도 간수장의 신임을 얻었습니다.

> "간수장은 그의 손에 맡긴 것을 무엇이든지 살펴보지 아니하였으니 이는 여호와께서 요셉과 함께 하심이라 여호와께서 그를 범사에 형통하게 하셨더라." 창세기 39:23

성경은 요셉의 삶을 '형통'이라는 단어로 표현하고 있습니다. 그 첫 번째 '형통'은 시위 대장 보디발의 집에 노예의 신분으로 있을 때 사용되었고, 두 번째는 감옥에 갇힌 죄수의 신분으로 있을 때 사용되었습니다. 이후로는 요셉의 삶에 '형통'이라는 표현이 더 이상 나오지 않습니다.

'형통'의 사전적 의미는 '모든 일이 뜻과 같이 잘되어 감'입니다. 흔히 우리는 모든 일이 순리대로 잘 풀리는 것, 요즘 말로 '잘나가는 사람이 되는 것'을 형통으로 이해합니다. 그래서 사람들은 언제나 '만사형통'을 소원하고 빕니다.

긴 고난 가운데, 저는 요셉의 인생에 기록된 형통의 의미를 깊이 묵상하면서 성경에서 가리키는 형통의 의미가 우리가 원하는 만사형통과 전혀 다름을 깨달았습니다. 여전히 고난 가운데 있더라도 하나님이 나와 함께 하신다면 그것이 바로 형통이었습니다. 즉, 형통이란 임마누엘, 하나님이 함께 하시는 삶이었습니다.

그러나 저도 처음에는 "나는 형통합니다"라는 고백을 할 수 없었습니다. 그토록 원하고 바라던 치유의 기적은 저희 가정에 일어나지 않았고, 아이들은 조금도 나아지지 않았습니다. 간절히 원하는 것이 오랫동안 이뤄지지 않았던 그때, 저는 하나님의 손길을 전혀 느낄 수 없었습니다. 오히려 예준이의 간병이 길어질수록 스스로를 골방 안에 가두고 하나님의 부재를 강하게 느꼈습니다. 앞이 보이지 않고 끝도 없는 길을 걷는 듯한 막막함과 절망감, 그것은 예준이가 죽어야만 끝날 것 같아 저를 더 괴롭게 만들었습니다.

그러나 지금은 아닙니다. 주님께서 저와 함께 하심을 믿습니다. 하나님은 이름도 모르는 수많은 사람들을 통하여 저희의 모든 필요를 채워 주시고 힘을 주셨습니다. 제가 고집스럽게 바라던 치유의 기적, 그 한 가지로부터 눈을 돌리니 하나님은 약속하신 말씀대로 늘 저희와 함께 하고 계셨습니다. 눈에 보이지 않고 느껴지지 않았지만 그것은 분명했습니다.

제가 암흑과 같은 삶을 살고 있을 때, 하나님은 제 믿음을 세워 주시기 위하여 '한 일'을 행하셨습니다. 지금부터 그 이야기를 들려 드리겠습니다.

한국 사역이 시작된 이후, 요셉처럼 정직하고 신실한 남편은 늘 리더십의 신뢰와 신임을 받으며 많은 일들을 감당했습니다. 그러나 남편이 사역에 매진할수록 저는 홀로 아들을 간병하는 시간이 길어졌고, 조금씩 지쳐가기 시작했습니다. 예준이가 인공호흡기를 의지하여 지낸지 3년째에는 쉼이 절박했습니다. 남편도 사역으로 많이 지쳐 있는 상황이라 저희는 2016년 8월부터 1년간 안식년을 가졌습니다.

그러나 활동보조인이 그만 두는 바람에 밤낮으로 아들을 간병하다 보니 전보다 더 힘들었습니다. 다음해 늦봄이 되어서야 활동보조인이 매칭되어 쉴 수 있었지만, 부부가 함께 회복의 시간을 가질 수 있는 프로그램이나 집회에는 참석할 수는 없었습니다. 다만 저는 남편의 도움으로 안식년 마지막 한 달을 앞두고 온누리교회에서 주최하는 '샤이닝 글로리' 3박4일 프로그램에 참석했습니다. 하나님은 그곳에서 임마누엘, 함께 하심에 대하여 제게 확실히 각인시켜 주셨습니다.

샤이닝 글로리의 마지막 밤, 저희는 간증 시간을 가졌습니다. 그때 저는 조원들에게 떠밀려 제 의지와 상관없이 간증의 자리에 서게 되었습니다. 사실 저는 그때까지만 해도 한 방에서 같이 지낸 조원들에게조차 제 아픔이나 상황을 나누지 못하고 그저 불 꺼진 새벽이면 예배당에 엎드려 미친 듯 한을 토해냈습니다. 함께 해 주시는 주님을 믿지 못하고 어둠 가운데 있었습니다.

아무 준비 없이 그 자리에 선 저는, 먼저 저희 가정에 대하여 짧게 소개한 후, 선교사임에도 일반 성도들이 참석하는 프로그램에 오게 된 사연과 예준이에 대한 기도제목을 나누었습니다. 제 간증이 끝나자, 조장들과 스태프들이 제게 다가와 손을 얹고 기도해 주었습니다. 그때 저는 꾹꾹 참아온 눈물이 터지면서 얼마나 꺽꺽대고 울었는지 모릅니다. 그렇게 은혜로운 시간을 마치고 숙소로 돌아가려는데, 한 형제가 다가와 말을 건넸습니다.

"선교사님, 내일 함께 이야기를 나누고 싶은데 괜찮으세요?"

저는 그 청년을 한눈에 알아보았습니다. 그는 담당목사님께서 "혹 지금까지 은혜를 못 받으신 분이 계시나요?"라고 물었을 때 손을 들었던 유일한 청년이었기 때문입니다. 저는 그에게 무슨 사연이 있는지 몰라 긴장하며 다음 날 아침식사 후 그를 만났습니다.

"선교사님… 최근에 저도 미토콘드리아 근병증을 확진 받았습니다!"

신학대학원에 다닌다던 그는 예준이와 똑같은 질병으로 점점 시력을 잃어가고 있었고 심장에 스텐트도 박은 상태였습니다. 이야기를 나누다 보니 신기하게도 예준이와 주치의도 같았습니다. 그제야 저는 왜 그가 은혜를 받지 못했다고 했는지 이해가 되었습니다. 절망과 어둠의 시간 가운데 어떤 말씀이 귀에 들렸을까요? 저는 그의 마음을 충분히 이해할 수 있었습니다. 저희는 서로의 마음을 다독이며 대화를 나누었고, 저는 청년의 고백에 그만 울컥하고 말았습니다.

"비록 조장도, 스태프도 아니었지만, 어제 저도 선교사님께 손을 얹고 간절히 기도했습니다. 앞으로도 예준이를 기억하며 기도하겠습니다…."

한국에 수많은 그리스도인들 중, 수많은 날들 가운데, 수많은 프로그램들 중, 80여 명이 모인 바로 그곳에서 흔치 않은 희귀난치성 질환을 앓는 청년을 만나게 하신 하나님의 섭리가 얼마나 놀랍고 감격스러웠는지 모릅니다.

이후, 저는 모임 중에 다시 한 번 부름을 받아 앞으로 나갔습니다.

"지금까지 이렇게 특별한 사연으로 선교사님이 참석하신 경우는 처음입니다. 이 시간 선교사님을 다시 한 번 모시고 그 가정을 위해 간절히 기도하는 시간을 가지면 좋겠습니다…."

저는 기도제목을 나누기 전에 주님께서 인도해 주신 그 청년과의 만남을 간증했습니다. 그리고 그와 함께 나란히 기도를 받았습니다. 그의 눈에서 뜨거운 눈물이 계속해서 흘러내렸습니다.

이어서 또 한 번의 놀라운 일이 일어났습니다. 폐회 예배를 앞두고 쉬는 중에 한 분이 자신을 장로라고 소개하면서 제 손에 헌금봉투를 쥐어 주고 가셨습니다.

"안녕하세요. 저는 한별이 때부터 선교사님 가정의 기도제목을 품고 기도해왔습니다."

그 순간 제 마음을 크게 울리는 한 음성이 있었습니다.

"딸아, 내가 너와 늘 함께 하고 있었단다. 네가 그것을 깨닫지 못해 혼자라고 느꼈을 때에도 나는 네 곁에 있었단다."

저는 한없이 부끄럽고 감사했습니다. 스스로를 버림받은 자처럼 여기고 살아간 것에 대하여 회개했습니다. 이런 제게 믿음을 주시길 간구했습니다. 진정 주님은 저와 함께 하셨습니다. 이제 저는 제 뜻대로 풀리지 않는 상황들에 대하여 여유를 가지게 되었습니다. 주님이 함께 하시면 그것이 형통이고 온전한 복임을 알기 때문입니다.

만일 지금 주님께서 당신에게 다음과 같이 묻는다면 어떤 선택을 하고 싶은가요?

"네가 바라는 부와 명예, 성공 이 모든 것을 다 줄게. 그러나 나는 너와 함께 하지 않을 거야."

세상이 말하는 만사형통한 삶인가요, 아니면 고난이 있어도 하나님이 함께 하시는 형통한 삶인가요?

고통 없는 삶보다 주님과 함께 하는 삶을 구하다

chapter 13

하나님 나라는 '죽음'에서부터 시작된다

"내가 진실로 진실로 너희에게 이르노니 한 알의 밀이 땅에
떨어져 죽지 아니하면 한 알 그대로 있고 죽으면 많은 열매를
맺느니라." 요한복음 12:24

죽어야 다시 사는 것, 그것이 기독교 복음의 핵심입니다.
하나님은 제가 한별이의 삶을 통해 '죽음의 영성'을 더 깊이 체
험하고 묵상하게 하셨습니다.

한별이는 부모의 선교 사명과 특심으로 인하여 자신의 뜻
과 상관없이 태에서부터 선교사로 드려졌습니다. 그 이름도

"하나님의 별이 되어 이방에 빛을 비추라"는 의미였습니다. 선교사 자녀들은 대부분 부모의 사명을 따라 선교지에서 살아가게 됩니다. 한별이도 마찬가지였습니다. 생후 50일에 U국행 비행기를 탄 순간부터 캠퍼스 영혼들을 제자 삼기 위한 부모의 선교 열정을 따라 살았습니다.

한국에서처럼 대학 청년 사역에 열정을 쏟았던 저는 "그리스도의 계절"이라는 찬양의 가사처럼 U국에서 제자 삼은 주의 청년들이 예수의 꿈을 꾸고 인류 구원의 환상을 보기를, 한손엔 복음 들고 한손엔 사랑을 들고 온 땅 구석구석 누비는 나라가 되기를 소망하며 헌신했습니다.

그러나 그곳은 복음의 문이 굳게 닫힌 곳, 기독교에 대한 감시와 핍박이 강한 곳이었습니다. 그래서 선교사라는 신분을 철저히 감추고, 현지인들과의 만남 가운데 신뢰를 쌓는 것이 선행되어야 했습니다. 무슬림 신자들의 신앙의 열심이란 지독하고 잔혹해서 저희가 예수님의 십자가 사랑을 삶으로 드러내고 살아내는 것만이 제자 양육의 가장 큰 열쇠였습니다.

"그는 근본 하나님의 본체시나 하나님과 동등됨을 취할 것으로 여기지 아니하시고 오히려 자기를 비워 종의 형체를 가지사 사람들과 같이 되셨고 사람의 모양으로 나타나사 자기를 낮추시고 죽기까지 복종하셨으니 곧 십자가에 죽으심이라."

빌립보서 2:6-8

그때 한별이는 저희 중 누구보다 현지에 잘 흡수되어 복음의 통로가 되어 주었습니다. 하나님이신 예수님이 이 땅에 오셔서 육신의 한계 가운데 인간의 사고와 생활방식을 따르셨듯 어린 한별이도 U국 사람들의 사고와 생활방식을 따라 살며 성육신의 본을 보이는 삶을 살았습니다. 비록 어렸지만 아이의 인격과 삶의 방식(life style)은 선교의 중요한 접촉점, 예수님의 사랑을 전하는 메신저, 관계의 통로가 되어 주었습니다. 더욱이 선교사가 추방되던 시기에는 위축되고 퇴행해 가는 자신의 몸으로 그 땅의 영적 상태와 교회의 영적 상황을 나타내며 그 땅에 하나님 나라 확장을 향한 기도 요청의 통로가 되어 주었습니다.

"인자가 온 것은 섬김을 받으려 함이 아니라 도리어 섬기려 하고 자기 목숨을 많은 사람의 대속물로 주려 함이니라." 마가복음 10:45

그리고 마침내 예수님께서 십자가에 달려 돌아가심으로 자신의 목숨을 많은 사람의 대속물로 주신 것처럼 한별이도 U국 땅 가운데서 신음하다가 밀알로 드려졌습니다.

"자기 목숨을 얻는 자는 잃을 것이요 나를 위하여 자기 목숨을 잃는 자는 얻으리라." 마태복음 10:39

한별이의 죽음 이후, 예수님은 저를 죽음의 영성 가운데 살아가도록 초대하셨습니다. 오직 제 안에 그리스도만이 사시도록 십자가에 못 박히는 삶의 고난을 주셨습니다. 지금도 주님은 간병의 자리를 떠나지 못하게 하는 예준이를 통하여 제 속에 남아 있는 모든 상식과 고집, 편견과 교만을 깨뜨리고 계십니다. 마침내 '예수님을 닮아가는 삶'이 제 비전이 되고 전부가 되도록 빚어 가고 계십니다.

우리는 그 어떠한 열심이나 자격이 아닌, 우리 자신이 죽어야 주님께서 영광 받으시고 열매 맺는 삶을 살아갈 수 있습니다. 내 삶이 99퍼센트 주께 헌신되어 있더라도 1퍼센트의 내가 살아 있다면, 그것은 진정한 죽음을 체험한 것이 아닙니다.

은혜로우신 주님은 지금도 우리 안에 오직 그분만이 전부가 되시기 위하여 일하고 계십니다. 저는 당신과 함께 예수님을 닮아가는 삶을 함께 살아가길 소망합니다. 이제 죽음에서부터 그 인생을 새롭게 시작하시길 간절히 축복합니다.

"내가 그리스도와 함께 십자가에 못 박혔나니 그런즉 이제는
내가 사는 것이 아니요 오직 내 안에 그리스도께서 사시는 것
이라 이제 내가 육체 가운데 사는 것은 나를 사랑하사 나를
위하여 자기 자신을 버리신 하나님의 아들을 믿는 믿음 안에
서 사는 것이라." 갈라디아서 2:20

chapter 14

고난은 예수를 닮는 지름길이다

저는 어려서부터 '미운 오리 새끼'와 같은 삶을 살았습니다. 학창시절에는 종양 치료 때문에 친구들과 잘 섞이지 못했고, 극적인 치유를 받아 주의 은혜로 음대에 다닐 때는 친구들과의 경제적 차이로 그 무리에 섞이지 못했습니다.

선교사인 지금의 삶도 크게 다르지 않은 것 같습니다. 벌써 십년 넘게 아들 간병에 매어 있다 보니, 간혹 선교사 모임에 참석하거나 만남을 가질 때면 이질감을 느끼며 제 내면은 그들과 잘 섞이지 못했습니다. 늘 선교지로 나가길 사모했으나 딸을 주님 품으로 먼저 보내고 최중증장애를 가진 아들을 간병하는 것이 일상의 전부가 되어버린 지금은 비행기 타는 것도 꿈꿀 수 없고 선교 현장의 이야기를 들으며 마냥 부러워만 할 뿐입니다. 선교사임에도 선교사들과 다른 삶을 살아가기에 잘 섞이지 못하고, 장애아를 돌보는 엄마임에도 엄마들과 다른 선교 소명을 가지고 살아가기에 잘 섞이지 못합니다.

대학 시절, 저는 죠이선교회에 소속되어 여러 훈련을 받으며 성장해 나갔으나 그때도 제 안에 부정적인 감정은 떠나지 않고 해결되지 않았습니다.

"나는 왜 혼자일까? 나는 왜 사랑받지 못하고 인정받지 못할까?"

그러던 어느 날, 저는 성경공부 필독서인 「어린아이의 일을 버리라」(데이비드 A. 씨맨즈, 두란노)를 읽으면서 제 안에 인정 욕구로 가득 찬 '성인 아이'(내면 아이, 역기능가정에서 성장하여 어른이지만 감정표현 방법은 아이 수준에 머물러 있어 인간관계에 어려움을 겪으며 삶의 고통을 안고 산다)를 발견했습니다. 그리고 이에 관하여 더욱 알고 싶어 두란노 상담훈련을 3년 동안 하면서 전문가 훈련 과정을 밟았습니다. 그러나 전문상담가로서의 마지막 수퍼바이저 과정만을 남겨 두고 부르심을 위하여 내려놓아야 했습니다.

일찍이 평신도 선교사로 부름 받은 저는 선교지에서 교수 사역을 생각하며 성악 석사과정과 상담학 석사과정을 두고 고민을 했습니다. 그런데 제가 파송될 U국의 상황은 음악 교과과정이 없어 음계 자체를 모르는 상황이었고, 기독교 상담으로는 이슬람 국가에서 교수 사역이 아예 불가능했기에 둘 다 내려놓을 수밖에 없었습니다.

비록 자격증은 없었지만 오랜 연구와 깊은 묵상, 그리고 제 경험들은 사역 가운데 쓰임을 받고 영향력을 끼쳤습니다. 어릴 때부터 경험한 고난의 긴 세월 동안, 저는 심리 문제와 이해할 수 없는 고난에 대하여 씨름해 왔습니다. 하나님은 미운 오리 새끼 같은 저를 점차 백조로 빚어 가셨습니다. 그러나 백조로 살아가기에는 여전히 미운 오리 새끼의 습성이 많이 남아 있었습니다.

제가 수십 년간 쌓아온 경험, 꿈꿔온 소망, 원대한 계획은 딸의 죽음과 아들의 질병 앞에 철저히 무너지고 말았습니다. 그러자 제 안에 있는 성인 아이의 인정 욕구가 무섭게 드러나기 시작했습니다. 지식도 풍성하고 말씀도 많이 알고 있었지만, 주의 진리가 가슴으로까지 내려오지 않아 저를 더욱 병들게 만들었습니다.

사람들은 갈멜산에서 승리를 이끈 엘리야의 모습에 열광하며 자신도 능력 있는 삶을 살기를 기대합니다. 그러나 갈멜산에서의 큰 승리 후, 이세벨을 피해 도망치다 로뎀나무 아래서 죽기를 원한 엘리야의 모습에는 열광하지 않습니다. 바로 제가 그랬습니다.

저는 갈멜산에서의 기적의 하나님만을 원하고 찾았습니다. 높은 곳에 서서 기적적으로 승리하길 원했고, 그것이 주님의 뜻이고 주님이 주시는 복이라 생각했습니다. 저는 다리가 치유된 경험, 두 아이를 기적적으로 임신하고 출산한 경험, 희귀난치병을 확진 받은 아이들을 데리고 척박한 선교지로 나간 경험 등 인생의 갈멜산에서 기적의 하나님을 수없이 경험하며 그것만이 주님의 뜻이라고 굳게 믿었습니다.

그러나 딸의 죽음, 선교사로서 느끼는 무력감, 예준이를 간병하는 긴 고난의 시간을 보내면서 처음으로 기적이 사라진 인생을 경험하게 되었습니다. 그것은 저를 두렵게 만들고 절망에 빠뜨렸습니다. 믿음을 흔들고 사랑을 의심하게 했습니다. 선교사로서 드러낼 만한 업적 하나 없는 제 자신이 얼마나 초라하게 여겨졌는지 모릅니다.

저는 왜 이런 기가막힌 고난을 받아야 하는지 그 이유가 너무나 알고 싶었습니다. 그러나 어디에서도 제가 당하는 고난에 대한 답을 찾을 수 없었습니다. 명확한 답을 주는 사람도 만나지 못했습니다. 성경 어디에서도 명쾌한 답을 찾을 수 없었습니다.

다음은 욥의 고백입니다.

"그러나 내가 가는 길을 그가 아시나니 그가 나를 단련하신 후에는 내가 순금 같이 되어 나오리라." 욥기 23:10

주님은 욥에게 고난을 허락하시고 그 이유에 대하여 말씀해 주지 않으셨습니다. 욥에게 나타나신 하나님은 장엄한 창조 언어들을 사용하셔서 오직 그분만이 하실 수 있는 일들에 대하여 들려주셨습니다.

"내가 주께 대하여 귀로 듣기만 하였사오나 이제는 눈으로 주를 뵈옵나이다." 욥기 42:5

욥은 하나님 앞에서 더 이상 무엇을 묻거나 답을 구하지 않고 위와 같이 고백했습니다. 하나님의 통치에 항변했던 자신의 죄를 회개하고 친구들을 용서했습니다. 하나님이 행하시는 일이 다 옳으시고 선하심을 인정했습니다.

하나님은 저희 가정에 일어난 이해할 수 없는 고난에 대해서도 제가 욥처럼 고백할 수 있도록 인도해 주셨습니다. 제가 고난을 통해 깨달은 믿음이란 이러합니다.

"어제도 오늘도 내일도 어떠한 문제 속에서도 주님은 신실한 분이시며 주님이 행하시는 모든 일이 옳으십니다."

주님을 닮은 성품으로 빚어 가시는 이 성화의 과정은 지금도 이어지고 있습니다.
제가 최근에 들은 다니엘 김 선교사님의 메시지를 함께 나누고 싶습니다.

"선교지에서 정말 연단 받고 연단 받으신, 성화되고 성화되신 선교사님들이 이제는 귀한 사역에 크게 쓰임 받으시겠지 하면 주님이 데려가시더라고요!"

정말 많은 분들이 저희 사연을 듣고 이렇게 말씀해 주셨습니다.

"주님이 얼마나 귀히 사용하시려고 이렇게 연단하실까요?"
"정말 크게 쓰임 받으실 거예요."

저는 다니엘 김 선교사님의 메시지를 들으면서 제가 들은 말들이 맞을 수도, 틀릴 수도 있다는 생각이 들었습니다. 어찌 인간의 생각으로 하나님의 크신 계획과 생각을 헤아릴 수 있을까요? 그럼에도 우리는 주님의 크신 뜻과 섭리 가운데 있는 고난당한 자들에게 욥의 친구들처럼 굳이 답을 주려고 애를 쓰는 것 같습니다. 저 또한 많이 그래왔습니다.

앞에서 언급했듯 저는 긴 고난을 통해 진실한 믿음이 무엇인지, 그리고 진짜 그리스도인이란 어떤 존재이지를 고민하며 지내왔습니다. 그리고 그 가운데 하나님은 제 인정 욕구를 깊이 다루셨습니다. 제가 하나님의 영광을 얼마나 가로채왔는지 깨닫게 하셨습니다.

하나님의 뜻보다 내 의와 열심, 내 이름과 명예, 내가 바라는 성공과 번영은 기복신앙과 번영신앙이라는 함정을 파놓고 그리스도의 말씀과 메시지를 가로막고 있었습니다. 그러면 당신은 어떠한가요? 혹시 인정 욕구에 취해 하나님께서 받으실 영광을 가로채고 있지는 않나요?

"…우리가 그와 함께 영광을 받기 위하여 고난도 함께 받아야 할 것이니라." 로마서 8:17

성경은 예수님을 믿으면 세상으로부터 미움을 받는다고 분명히 말하고 있습니다. 성도라면 마땅히 고난과 핍박을 받는

다고 말하고 있습니다. 그런데 언제부턴가 그런 말씀들은 사라지고 인간에게 유익을 주는 긍정적인 메시지만 전하고 골라 듣는 것 같습니다. 지금 우리는 무엇을 믿고 있으며 무엇을 가르치고 외치고 있는 것일까요?

기적을 일으키고 영향력 있는 사역자일지라도 자신이 선포하는 메시지대로 살지 않는다면, 그는 진짜 그리스도인이 아니라고 감히 말하고 싶습니다. 저희 부부가 정의하는 성숙한 그리스도인이란, '말씀을 살아내는 그리스도인'입니다. 그러면 말씀을 살아내는 삶이란 과연 무엇을 가리키는지 초대교회 성도들의 삶을 통해 함께 살펴보길 원합니다.

"바나바가 사울을 찾으러 다소에 가서 만나매 안디옥에 데리고 와서 둘이 교회에 일 년간 모여 있어 큰 무리를 가르쳤고 제자들이 안디옥에서 비로소 그리스도인이라 일컬음을 받게 되었더라." 사도행전 11:25-26

그리스도인이라 불린 초대교회 성도들은 예배를 드리다가 잡히면 화형을 당하거나 맹수의 밥이 되는 등 엄청난 핍박을 받았습니다. 그러한 박해는 네로 황제 때 본격적으로 시작되어 250여 년간 지속되었습니다. 당시 그들에게 예배란 자신의 목숨을 거는 것이었습니다. 그러나 그들은 목숨을 잃을지언정 그리스도인이라는 정체성을 포기하지 않았습니다. 오늘날 스스로를 그리스도인이라 소개하며 기복신앙, 번영신앙을 좇아 살아가는 우리와 비교하면 얼마나 부끄러운지 모릅니다.

초대교회 그리스도인에게는 공통적으로 '고난'이 있었습니다. 그들은 고난 가운데 살았고, 그들의 삶의 목적은 고난이 사라지는 것이 아닌 고난을 받음으로써 그리스도인임을 증명하는 것이었습니다. 지금 제가 고난 가운데 형통함을 고백하며 살아가고 있는 이유 역시, '고난'이야말로 그리스도인으로서 잘 살아내고 있다는 '증거'이며 그리스도인의 삶에 당연한 것임을 믿기 때문입니다.

예수님의 십자가 고난, 제자들의 순교 기록, 초대교회 성도들의 삶, 히브리서 11장에 기록된 믿음의 선진들의 삶, 그리고 조선을 사랑하여 이 땅에서 순교한 선교사님들의 삶에 비하면 제 고난은 정말 아무것도 아님을 깨닫습니다.

"…또 어떤 이들은 더 좋은 부활을 얻고자 하여 심한 고문을 받되 구차히 풀려나기를 원하지 아니하였으며." 히브리서 11:35

313년, 로마는 자신들이 그토록 핍박했던 기독교를 국교로

공인했습니다. 세상이 감당할 수 없는 거룩한 모습으로 세상의 소금과 빛의 삶을 살아낸 진짜 그리스도인들이 그곳에 있었기 때문입니다.

지금 이 시간에도 선교지에 있는 많은 교회들과 성도들이 핍박을 받고 있습니다. 그곳에서 예수 그리스도를 영접하고 그리스도인으로 살아간다는 것은 순교를 각오한 생명을 내건 선택입니다. 그런데 지금 우리의 모습은 어떠한가요? 우리는 그 어떤 위대한 메시지나 능력으로가 아닌 오직 주님을 사랑하는 힘으로 말씀에 순종하는 삶을 살아내야 합니다. 예수 닮은 삶의 영향력을 나타내야 합니다.

이제 우리에게는 세상과 다른 삶의 모습이 필요합니다. "아, 이 사람은 뭔가 다르구나! 왜 그럴까?"라는 말을 들을 만한 믿음의 간증을 소유하고 있어야 합니다. 그 뜻을 알 수 없는 고난과 시련 속에서도 세상이 "그리스도인들의 삶은 무언가 다르구나"라고 인정하고 가까이 다가와 "당신이 믿는 예수는 도대체 누구입니까?"라고 묻게 만들어야 합니다. 그러면 한국 교회가 더 이상 빛을 잃지 않고, 소금의 짠맛을 잃지 않고, 손가락질 당하지 않을 것입니다.

우리 함께 왜 우리가 예수님을 믿고 교회에 다니는지 진지하게 생각해 보면 좋겠습니다. 당신은 예수의 이름으로 핍박과 고난을 당하더라도 초대교회의 진정한 그리스도인이 되길 진정 원하나요? 이 시대는 하나님의 말씀을 살아내는 진짜 그리스도인을 보고 싶어 합니다. 저는 고난 중에도 여호와로 인하여 기뻐하는 믿음의 사람들이 일어나기를 소망합니다. 그 향기로운 삶을 살아내는 자들이 내 조국 교회에 가득하기를 갈망합니다.

"만일 그리스도 안에서 우리가 바라는 것이 다만 이 세상의 삶뿐이면 모든 사람 가운데 우리가 더욱 불쌍한 자이리라."

고린도전서 15:19

chapter 15

믿음을 소유한 삶은 고난 가운데 성장한다

예준이를 간병하던 어느 새벽, 몸은 많이 지쳐 있었지만 갈급한 마음에 성경을 펼치고 믿음의 조상 아브라함의 이야기를 묵상했습니다.

'아브람'은 '많은 사람의 아버지'라는 이름의 뜻과 다르게 자식이 없었습니다. 그런 아브람에게 그 이름은 가시처럼 자신을 찔렀을 것 같습니다. 더욱이 그는 "내가 너로 큰 민족을 이루겠다"는 하나님의 말씀에 순종하여 "갈 바를 알지 못하고" 75세의 나이로 본토 친척 아비 집을 떠났지만, 그로부터 몇 년이 지나도 자식이 생기지 않았습니다.

"아브람이 이르되 주 여호와여 무엇을 내게 주시려 하나이까 나는 자식이 없사오니 나의 상속자는 이 다메섹 사람 엘리에 셀이니이다." 창세기 15:2

위의 말씀을 보면 아브람의 고백에 불신과 초조함이 담겨 있는 것 같습니다.

'하나님의 약속이 어떻게 이뤄질 수 있단 말인가?'

아브람은 하나님의 약속에 대한 '자기 나름대로의 견해'를 가지고 하나님께 자신의 계획을 이야기했고, 하나님은 그의 믿음 없는 질문과 고백에 대하여 밤하늘의 수많은 별들을 보여 주시며 응답해 주셨습니다. 이후 성경은 "아브라함이 여호와를 믿으니 그 믿음을 의로 여기셨다"라고 기록하고 있습니다. 그때 하나님은 쪼갠 제물 사이로 횃불을 지나가게 함으로써 약속을 보증해 주셨습니다.

"그가 이르되 주 여호와여 내가 이 땅을 소유로 받을 것을 무엇으로 알리이까 여호와께서 그에게 이르시되 나를 위하여 삼 년 된 암소와 삼 년 된 암염소와 삼 년 된 숫양과 산비둘기와 집비둘기 새끼를 가져올지니라 아브람이 그 모든 것을 가져다가 그 중간을 쪼개고 그 쪼갠 것을 마주 대하여 놓고 그 새는 쪼개지 아니하였으며 솔개가 그 사체 위에 내릴 때에는 아브람이 쫓았더라." 창세기 15:8-11

"해가 져서 어두울 때에 연기 나는 화로가 보이며 타는 횃불이 쪼갠 고기 사이로 지나더라." 창세기 15:17

여기서 '타는 횃불'은 '하나님의 임재'를 상징합니다. 그러므로 그것이 '쪼개져서 마주 놓여 있는 희생제물의 한가운데로 지나간' 것은 아주 강력한 '맹세'를 의미합니다. 아브라함이 살던 족장 시대에는 두 사람이 언약을 맺을 때 짐승을 쪼개어 놓고 그 사이로 당사자들이 지나가는 의식을 치렀습니다. 그 의미는 언약을 맺는 쌍방 중 어느 한 쪽이 그것을 어기면 그 쪼개어진 짐승처럼 '죽음의 벌'을 받겠다는 생명을 건 맹세였습니다.

하나님은 "애굽 강에서부터 그 큰 강 유브라데까지 네 자손에게 주노니"(창세기 15:18)라고 하신 이 약속을 반드시 이루시겠다는 보증으로 쪼갠 고기 사이로 '타는 횃불'이 지나가는 것을 아브람에게 보이셨습니다. 즉, 하나님 홀로 그 쪼갠 짐승 사이로 지나가신 것입니다. 그것은 하나님 편에서의 '일방적 언약'을 의미합니다. 하나님은 사람이 언약의 조건을 지키지 못하는 존재일 뿐 아니라 결국 어기고 말 죄인임을 잘 알고 계셨기 때문입니다.

이처럼 하나님은 아브람이 스스로 계획을 세우며 푸념하고 있을 때, 당신의 일방적인 횃불 언약을 통하여 아브람이 자신의 형편과 상관없이 주관자 되시는 하나님만 의지하도록 하셨습니다. 그리고 아브람이 믿을 때에 그 믿음을 의로 여겨 주셨습니다.

이후 아브람의 아내 사래가 초조해지기 시작했습니다. 그녀는 이제 자신을 통해서는 하나님의 약속이 성취될 수 없음을 느끼고 여종 하갈로 후사를 잉태하게 했습니다. 자신의 약함으로 인하여 하나님의 약속을 스스로 이루려고 했던 것입니다. 이후 14년이 흘러 하나님은 아브람에게 언약을 확인시켜 주시며 아브람에게는 '아브라함', 사래에게는 '사라'라는 이름을 주셨습니다. 그때 아브라함은 하나님의 말씀에 이렇게 반응했습니다.

"아브라함이 엎드려 웃으며 마음속으로 이르되 백 세 된 사람이 어찌 자식을 낳을까 사라는 구십 세니 어찌 출산하리요

하고 아브라함이 이에 하나님께 아뢰되 이스마엘이나 하나
님 앞에 살기를 원하나이다." 창세기 17:17-18

여전히 아브라함은 믿음 없는 고백을 하고 있습니다. 그러
나 하나님은 바로 1년 뒤인 그의 나이 백세 때 자녀를 주셨습
니다. 그분의 언약은 그렇게 25년 만에 이루어졌습니다.

아브람을 '아브라함' 되게 한 분은 하나님이십니다. 저는
이 말씀을 저희 가정에 비추어 보며 저희를 끝까지 붙드시고
믿음의 사람으로 빚어 가실 하나님을 바라보았습니다. 그분의
계획과 약속 안에 있기에 이 고난의 시간이 저희 믿음을 단련
하고 새롭게 하는 시간이라 믿으며 힘을 얻었습니다.

뿐만 아니라 아브라함의 푸념과 믿음의 한계, 그리고 아내
를 누이라 두 번이나 속인 허물과 약점을 모두 기록해 주신 하
나님께 감사했습니다. 제가 바로 스스로의 열심으로 주님보다
앞서 가고, 주님 앞에 푸념하고, 주님의 약속을 의심하며 수많
은 허물과 약점을 가진 자이기 때문입니다.

하나님은 우리가 완벽해서, 자격이 있어서 부르고 택하신
것이 결코 아닙니다! 우리에게 필요한 것은 나의 의나 열심이
아닌 주님을 향한 순전한 믿음입니다. 믿음으로 인내하는 것
이고, 믿음으로 순종하는 삶을 사는 것입니다. 그렇다면 우리

는 환난 가운데서도 기뻐하고 성장할 수 있을 것입니다.

"다만 이뿐 아니라 우리가 환난 중에도 즐거워하나니 이는
환난은 인내를, 인내는 연단을, 연단은 소망을 이루는 줄 앎
이로다." 로마서 5:3-4

믿음을 소유한 삶은 내 뜻이 아닌 하나님의 뜻이 이뤄지기
를 갈망합니다. 우리는 이를 위해서 예수님이 겟세마네 동산
에서 드리셨던 기도를 날마다 드려야 합니다. 바로 십자가에
서의 죽음을 감당하는 기도 말입니다.

"이르시되 아버지여 만일 아버지의 뜻이거든 이 잔을 내게서
옮기시옵소서 그러나 내 원대로 마시옵고 아버지의 원대로
되기를 원하나이다 하시니." 누가복음 22:42

하나님은 저를 고난 가운데 두시고 그 잔을 거둬 가지 않으
셨습니다. 그리고 마침내 제 고백을 "나의 원대로 마옵시고 주
님 뜻대로 하옵소서"라고 바꾸어 놓으셨습니다. 물론 제 약함
으로 인하여 그 고백이 얼마나 자주 흔들리는지 모릅니다. 그
러나 이제 제 약함을 주목하지 않고 믿음의 주요 온전케 하시

는 그리스도를 바라보며 오늘도 믿음의 합당한 삶을 살아가리라 다짐합니다. 나의 나됨을 노래합니다. 나의 십자가의 고통을 꼭 껴안습니다.

"믿음의 주요 또 온전하게 하시는 이인 예수를 바라보자 그는 그 앞에 있는 기쁨을 위하여 십자가를 참으사 부끄러움을 개의치 아니하시더니 하나님 보좌 우편에 앉으셨느니라."

히브리서 12:2

chapter 16

고난을 안아주는 성경의 언어를 배우다

하나님은 예준이가 급성 폐렴으로 기관 절개 수술을 받고 일반 병실에 있던 시기에 '한국어린이난치병협회'를 연결해 주셨습니다. 협회에서는 갑작스레 인공호흡기를 달게 된 예준이를 위하여 재택의료시스템을 준비해 주셨고, 퇴원할 때도 재정적으로 큰 도움을 주셨습니다. 지금도 난치병 환아 정기후원 아동으로 지정되어 매달 소정의 정기후원금과 소모품을 지원받고 있습니다. 저희에게 참 고맙고 소중한 단체입니다.

2014년 어느 여름, 저는 협회 국장님으로부터 한 통의 전화를 받았습니다.

"선교사님, 안녕하세요. 다름이 아니라 최근 저희 단체에서 섬기는 아이가 하늘나라로 갔어요. 목회자 가정의 자녀인데 지금 사모님이 너무 힘들어 하시네요. 혹여 선교사님이 위로해 주시면 힘을 내실 것 같아 연락드렸어요. 한별이를 먼저 보내셨기에 누구보다 그 심정을 잘 아시잖아요. 선교사님, 사모님께 꼭 좀 전화를 부탁드려요."

그때 사모님은 자녀를 보낸 지 2주도 안된 시기였습니다. 제 경험에 비추어 보니, 자녀를 보낸 지 한 달도 안 된 시기는 그 어떤 위로도 들리지 않을 때였습니다. 더욱이 친분이 있는 사이가 아니면 더욱 조심해야 했습니다. 저는 국장님께 이런 제 뜻을 전하며 거절하였으나 너무도 간곡히 부탁하셔서 사모님께 전화를 걸었습니다.

"안녕하세요…."

첫 인사부터 어색한 침묵이 흘렀습니다.

"국장님으로부터 아이 소식을 듣고 전화드렸습니다. 저 역시 선교지에서 딸을 먼저 보낸 엄마이고, 지금은 아픈 아들을 간병하고 있습니다."

여전히 사모님은 침묵하셨습니다. 그래도 저는 애써 밝은 목소리로 대화를 이어갔습니다.

"같은 아픔을 경험한 사람으로서 위로의 마음을 전하고자 전화드렸습니다."

한참 만에 침묵을 깬 사모님의 답변은 예상했던 것보다 더 공격적이고 방어적이었습니다.

"선교사님은 저와 다른 강한 믿음이 있으셨나 보죠…."

사모님의 이야기는 하나님을 원망하는 말들로 이어졌고 그분을 향한 항변들로 채워졌습니다.

"죄송하지만 더 이상 듣고 싶지도 않고 이야기하고 싶지도 않습니다!"

저는 힘든 시기에 전화를 드려 죄송하다는 인사를 드리고 황급히 전화를 끊었습니다. 후에 국장님께 이 일을 전하며 조심히 당부 드렸습니다.

"국장님, 지금은 너무 힘든 시기라 연락하는 것 자체가 실례가 될 수 있어요. 저도 그때 사람들의 말에 오히려 상처받고 힘들었거든요. 이것을 기억해 주세요."

몇 달 후, 사모님은 국장님을 통해 예준이가 패혈증으로 중환자실에 있다는 소식을 들으시고 제게 "예준이를 위해 기도하고 있습니다. 힘내세요"라는 메시지를 전하셨습니다. 이제는 사모님이 조금 힘이 나신 것 같아 감사했습니다.

성경에 기록된 고통과 역경에 대한 가르침과 반응은 아주 다양합니다. 우리는 고통에 대한 문제를 다루기 전에 이 점을 인식하는 것이 필요합니다. 그런데 아쉽게도 우리는 역경과 시련을 겪고 있는 이들에게 만병통치약을 주듯 몇 가지 정해 놓은 답을 주곤 합니다.

"하나님의 크신 뜻과 계획이 있을 거예요."
"하나님이 얼마나 크게 쓰시려고 이런 일을 겪게 하실까요?"
"힘내세요, 하나님이 함께 하시잖아요."

어떤 사람들은 "제가 힘들었을 땐 말이죠"라고 대화를 시작하면서 고난 가운데 있는 사람들의 상황이나 감정을 바로 잡아주려 애쓰거나 무언가 위로할 말을 찾아 해 주려고 노력합니다. 그런데 이와 반대로 어떤 사람들은 무슨 말을 해 줘야 할지 모른다는 이유로 그들에게 다가가려 하지 않습니다. 이런 경우, 고난 가운데 있는 사람들은 홀로 고립되어 극심한 외로움까지 경험하게 됩니다.

"만일 한 지체가 고통을 받으면 모든 지체도 함께 고통을 받고 한 지체가 영광을 얻으면 모든 지체도 함께 즐거워하나니 너희는 그리스도의 몸이요 지체의 각 부분이라." 고린도전서 12:26-27

"즐거워하는 자들과 함께 즐거워하고 우는 자들과 함께 울라." 로마서 12:15

제 경우에는 다음과 같은 말이 가장 힘이 되었습니다.

"당신의 고난에 저도 함께 아파하고 있습니다."
"당신을 기억하며 기도하고 있습니다."

울고 있는 사람들 곁에서 함께 울어 주는 것, 그것이 정말 큰 힘이 됩니다. 가장 큰 치료제는 같은 마음으로 함께 하는 것입니다. 큰 슬픔을 당하면 정말 너무 외롭고 서럽습니다. 거기에 아무도 내 고통을 이해해 주지 못하고 내 곁에 아무도 없다고 느껴지면, 그것은 더 깊은 고통으로 몰아가는 기폭제가 되어 고립감의 함정에서 헤어 나오지 못하도록 만듭니다. 그러나 그런 때에라도 누군가가 말없이 고통의 시간을 함께 해 주면 그 통증은 완화됩니다.

안타깝게도 많은 그리스도들이 뜻을 알 수 없는 고난에 처한 이들에게 '욥의 친구'가 되어 버립니다. 욥의 친구들처럼 '인과응보'의 논리로 답을 제시하고 결론을 지어주거나 자신이 깨달은 모든 성경의 답을 제시해 주려 합니다. 그러나 결국 그것은 고통받는 자들을 더 고통스럽게 할 뿐입니다.

저도 이유를 알 수 없는 긴 고난 가운데 너무 힘들면 차마 해서는 안 될 말을 하곤 했습니다.

"이제 그만 한별이 곁에서 쉬고 싶어요!"

그때 누군가가 다가와 무언가를 가르치려 하거나 답을 알려 주려 하면 내색하진 않았지만 "나도 당신이 말하는 답을 다 알고 있다고요! 나 같은 삶을 좀 살아보고 그런 말 하세요!"라고 말하고 싶었습니다. 방어적이고 항변적인 내면의 외침 가운데 사람들이 하는 말에 눌려 더 고통 받고 아파하는 경우가 얼마나 많았는지요. 이제는 우리가 고통 속에 믿음마저 무너져 주님께 항변하고 있는 그들 곁에서 마음에 짐을 지우는 대신, 함께 울고 함께 웃을 수 있으면 좋겠습니다.

우리는 고난이 오면 그제야 믿음의 현주소를 알게 됩니다. 주님 앞에서 벌거벗은 듯 자신을 대면하게 됩니다. 고통 속에 스스로 고립되어 주님의 부재를 경험하게 됩니다. 항변과 원망 가운데 씨름하는 자기 자신에 대하여 절망하고 자책하게 됩니다. 오늘도 누군가가 우리 주위에서 이렇게 살아가고 있고, 어쩌면 이것이 언젠가 나의 이야기가 될 수도 있습니다. 그러면 이제 우리는 고난 당하는 자들에게 어떻게 다가가야 할까요?

아주 작은 것부터 함께 해 주세요. 말없이 음식을 챙겨 주거나 그들의 자녀들을 돌봐주세요. 정서적이고 영적인 지지를 보내주세요. 그것이 고난당한 자들에게 진짜 위로자가 되는 방법이고, 요즘 흔히 말하는 '꼰대'가 아닌 공감과 진정한 위로자가 되어 주는 길이라고 생각합니다.

내 맘 알아주는 사람 하나 없다며 서러워할 때마다 주님은 말씀으로 위로해 주시고 위로자들을 보내주셨습니다. 이 연약한 자와 늘 함께 해 주신 그분의 은혜가 있었기에 저는 지금까지 올 수 있었습니다. 이 글의 마지막으로 나의 위로자, 나의 방패, 나의 피난처, 나의 구원자 되신 주님께 모든 찬양과 감사의 고백을 드립니다. 제가 만난 사랑의 하나님을 당신도 만나시리라 믿고 기도드립니다.

2009년 공항에서 헤어진 이후, 한별이는 사진으로밖에 만날 수 없었습니다. 그 얼굴에는 질병의 무게가 고스란히 묻어 있었지만 한없이 사랑스러웠습니다. 그런데 지금은 선교지에서 받은 한별이 사진 대신, 매년 기일마다 아이가 묻힌 묘지 사진을 받고 있습니다. 그 세월이 십년이 되었습니다.

지난 5월, 샘물 선교사님으로부터 연락을 받았습니다. 딸을 잘 아는 이에게 부탁하고 싶다 하시며 집필하고 있는 원고에 대해 나누셨습니다. 저는 한별이를 처음 만난 12년 전 그날의 날씨, 아이가 입은 옷, 머리 모양까지 기억하고 있습니다. 그만큼 함께 한 시간이 소중하고, 마음에 큰 그리움으로 남아 있나 봅니다. 원고는 그렇게 마음과 마음이 연결되어 저희에게 안기게 되었습니다.

며칠 후 원고를 받았습니다. "선물로 보내신 아이"라는 가제를 달고 있었습니다. 그러나 원고를 다 읽고 한동안 고민에 빠졌습니다. 유독 한별이 이야기는 감정 없이 사실만 기록되어 있었기 때문입니다. 아이를 향한 그 뜨거운 그리움을 아는데 왜 그렇게 적으셨는지 이해가 되지 않았습니다. 오랜 시간 서로를 보아왔기에 선교사님을 만나 이에 대하여 솔직히 여쭈었습니다. 그때 돌아온 선교사님의 대답의 결론은 '너무 아파서'였습니다. 그 후로 저희는 만남을 통해, 전화를 통해 원고의 첫 장으로 돌아가 다시 시작했습니다. 결코 쉽지 않은 과정이었지만 고통스런 옛 기억과 마주하며 견뎌내시는, 또 행복해 하시는 선교사님을 뵈며 감사하고 마음 한 켠 아렸습니다.

그렇게 이 책은 깊이 묻어둔 상처, 아픔과 씨름하며 집필되었습니다. 감정 표현이 부족해서가 아니라 그 감정이 너무 커서 정제되고 절제되어 표현되었습니다. 원고의 많은 부분이 밤낮으로 아들을 쉼 없이 간병하는 곤한 삶 가운데 틈틈이 작성되었습니다. 그래서인지 무너진 자리에 멈춰 있지 않고 발버둥친 흔적들이 이 책 곳곳에 남아 있는 것 같습니다.

하루는 선교사님과 만나 원고에 대해 나누고 헤어지면서 꼭 안아드렸습니다. "오늘 정말 행복했어요!" 선교사님은 오랜만에 먹고 마시고 대화하며 여느 평범한 사람처럼 지낸 오늘을 못 잊을 것 같다고 하셨습니다. 환한 웃음 뒤로 외롭고 고단한 삶이 고스란히 전해지는 순간이었습니다. 그날 밤, 만남의 여운이 길어 저는 새벽 서너 시까지 생각 가운데, 기도 가운데 쉬이 잠들지 못하고 있었습니다. 그리고 그 시간 가운데 제 안에 울려 퍼지는 한 문장이 있었습니다.

"고난이 나를 안아주다…."

제 첫 반응은 "주님, 이건 틀린 말이잖아요"였지만, 벗어나려 발버둥치며 밀쳐내고 도망쳤던 고난이, 삶을 온통 짓누르고 옥죄던 고난이, 무참히 내 행복을 짓밟은 그 고난이 우리를 죽이기 위함이 아닌 살리기 위한 하나님의 또 다른 따스한 품임을 마침내 고백할 수 있었습니다. 처참한 광경을 지나 가까이 다가가 바라본 선교사님 가정은 하나님의 손길이 닿지 않은 곳이 하나도 없었습니다. 연약한 인간이라면 도저히 살아낼 수 없으나 하나님 품에 안겨 있기에 생명이 흘러가는 은혜로운 인생이었습니다. 고난으로 말미암아 그리스도를 닮아가는 거룩한 인생이었습니다. 고난 받는 모든 성도들의 삶이 이러함을 고백합니다.

주일인 다음 날, 저는 교회로 가는 버스 안에서도 내내 "고난이 나를 안아주다"라는 말을 묵상했습니다. 카피 한 줄도 씨름하며 적는 제가 그 자리에서 책에 들어갈 내용을 모두 작성했습니다. 저는 이 놀라운 일을 행하여 주신 주님께 감사드리며 귀에 이어폰을 끼고 선교사님이 추천해 주신 찬양을 들었습니다. 선교사님은 마지막 원고를 보낸 후 이 곡을 우연히 들으셨는데, 자신도 모르게 무릎을 꿇고 뜨겁게 기도하셨다고 했습니다.

주는 새 길을 만드시는 분 큰 기적을 행하시는 분
그는 우리 하나님
주는 약속을 지키시는 분 어둠 속을 밝히시는 빛
그는 우리 하나님
주의 일하심 볼 수 없어도 주의 일하심 알 수 없어도
주는 결코 멈추지 않네 Way Maker, Jesus Image

눈을 감고 들었습니다. 부어 주시는 감동을 따라 간절히 기도했습니다. 기도를 마치고 눈을 뜨니 제 앞에 '한별 병원'이라고 크게 써진 건물이 보였습니다. 수없이 다닌 길인데 처음으로 본 풍경이라 더욱 놀랍고 두렵기까지 했습니다. 뿐만 아니라 이 곡은 이사야 40장을 노래한 것인데 그날 주일 설교본문이 바로 이사야 40장이었습니다. 책을 만들 때, 그 과정마다 하나님의 선하신 손길, 능력의 손길을 경험합니다. 성령님께서 단어 하나하나 떠올려 주실 때는 얼마나 감동이 되고 힘이 나는지 모릅니다. 그런데 이 책은 참 어려웠습니다. 성령님의 인도하심이 아닌 저희 의지로 해내는 것 같아 자책도 되고 저희가 맡아야 할 책이 아닌가, 아직 때가 아닌가 고민도 되었습니다. 다른 일들을 다 내려놓고 선교사님과 처음부터 다시 시작한 오랜 작업은 지침이 되기도 했습니다. 그런데 이날 주님은 저희의 갈등과 갈급함을 풀어 주셨습니다. 마치 하나님이 함께 하신다고 귓가에 생생히 들려주시는 듯했습니다. 그리고 이 책을 넘어 저희 인생 가운데 '고난' 받으신 예수 그리스도를 더욱 주목하게 하셨습니다. '영광' 받으신 그분을 바라보며 고난의 품을 피하지 않고 인내로써 우리 앞에 당한 경주를 계속 해나가게 하셨습니다.

우리 삶에서 가장 위험한 순간은 고난이 찾아왔을 때가 아니었습니다. 고난의 날에 하나님을 찾지 않고, 믿음에서 돌아서는 바로 그 순간이었습니다. 어쩌면 이 시대 가운데 거룩히 살아갈 힘은, 두려움을 이기는 믿음은, 주님을 찾는 끝없는 갈망은 바로 지금 내가 당하는 고난으로부터 시작되는 것인지도 모르겠습니다. 다 알 수 없지만, 이 책을 통해 본 고난은 하나님의 하나님 되심을 인정하는 과정이자 죄를 깨닫게 하는 거룩한 도구이며 천국을 소망하게 하는 동기였기 때문입니다.

어느 날 선교사님은 딸의 묘지를 다녀오던 길, 극동방송에서 자녀를 잃은 한 선교사님의 이야기를 들으며 차 안에서 내내 뜨거운 눈물을 삼켜야 했습니다. 다음은 그 이야기입니다. 1892년, 낯선 한국 땅에 복음을 들고 온 민로아(F.S. Miller, 1866-1937) 선교사님은 어린 두 아들과 아내를 먼저 떠나보냈습니다. 이 모든 비극을 지켜본 조선인들은 "당신이 전하는 예수가 누구이기에 이렇게 당신을 힘들게 하는 거요?"라고 물었습니다. 그때 선교사님의 고백이 찬송가 96장 "예수님은 누구신가"라는 찬양입니다.

> 예수님은 누구신가 우는 자의 위로와
> 없는 자의 풍성이며 천한 자의 높음과
> 잡힌 자의 놓임 되고 우리 기쁨 되시네
>
> 예수님은 누구신가 약한 자의 강함과
> 눈먼 자의 빛이시며 병든 자의 고침과
> 죽은 자의 부활되고 우리 생명되시네

오늘도 우리를 위협하는 수많은 사건과 고난 가운데 "예수님이 누구신가"라는 질문은 우리 자신에게 날카롭게 꽂힙니다. 그리고 그 질문에 대한 고백은 우리의 영원까지 영향을 끼칠 수 있습니다. 그러하기에 부디 우리가 그 답을 진리 가운데 찾아가기를, 그리고 담대히 전할 수 있기를 소망합니다.

"고난이 나를 안아주다." 우리가 고난 가운데 함께 이 고백을 할 수 있기를, 하나님 아버지의 품에 안겨 그 한없는 따스함을 경험하는 삶을 살아가기를 기도합니다. 선교사님이 당한 모든 고난이 당신에게 소망과 따스한 위로로 전해지기를 간절히 바라고, 다가올 고난의 때를 깨어 준비할 수 있기를 바랍니다.

"너는 그리스도 예수의 좋은 병사로 나와 함께 고난을 받으라." 디모데후서 2:3

마지막으로 고난 가운데 하나님의 품에 안겨 살아가는, 그러나 여전히 지독한 고난 가운데 살아가는 선교사님 가정이 지금처럼 험한 십자가를 부끄러워하지 않고 끝까지 승리하시길 기도합니다. 해결되지 않은 문제들과 약함이 계속 드러날지라도 지금처럼 주 예수를 소망으로 삼고 살아가시길 간구합니다. 언젠가 저 천국에서 그토록 그리워하는 한별이를 품에 안고 영원히 행복해 할 모습을 그리며….

태풍을 이겨낸 포도밭 향기 스며드는 고막리 작업실에서
비홀드

감
사
의
글

큰 슬픔 속에 딸의 시신을 안고 한국에 들어온 그날, 위
로예배와 모든 장례절차를 도와주신 두란노해외선교회
전 대표 김창옥 전도사님과 도육환 목사님, 그리고 온
누리선교위원 장로님들과 집사님들, 장례예배 때마다
슬픔을 같이 해 주신 온누리 부목사님들과 동료 선교
사님들, 죠이선교회와 후원교회의 많은 동역자분들에
게 늦게나마 이 글을 통해 감사의 마음을 전합니다. 그
리고 한별이를 사랑하는 마음으로 책 발간에 힘써준 비
홀드 출판사와 지금까지 긴 세월 동안 변함없는 기도와
물질로 후원해 주신 동역자분들에게 깊은 감사를 전합
니다. 마지막으로 저희를 품에 안아주시는 우리 주님께
한없는 감사와 찬양을 올립니다.

———————

그러나 이 모든 일에

우리를 사랑하시는 이로 말미암아

우리가 넉넉히 이기느니라

로마서 8:37

|●●|●●|●|
behold

고난이 나를 안아주다

초판인쇄 • 2020년 9월 15일
초판발행 • 2020년 9월 25일

지은이 • 이샘물
발행처 • 비홀드
등 록 • 2019년 8월 2일 제409-2019-000037호
주 소 • 경기도 김포시 월곶면 용강로57번길 86 B동 2호
전 화 • 070 4116 4550
이메일 • beholdbook@daum.net
[이][이][f] beholdbook

값 11,000원

이 도서의 국립중앙도서관 출판예정도서목록(CIP)은 서지정보유통지원시스템 홈페이지(http://seoji.nl.go.kr)와 국가
자료종합목록 구축시스템(http://kolis-net.nl.go.kr)에서 이용하실 수 있습니다. (CIP제어번호 : CIP2020038381)